A ARTE DE SE AGRADAR

Emma Reed Turrell

A ARTE DE SE AGRADAR

COMO PARAR DE AGRADAR
SÓ AOS OUTROS E
TRANSFORMAR A SUA VIDA

Tradução
GUILHERME MIRANDA

O selo Fontanar foi licenciado para a Editora Schwarcz S.A.

Grafia atualizada segundo o Acordo Ortográfico da Língua Portuguesa de 1990, que entrou em vigor no Brasil em 2009.

TÍTULO ORIGINAL Please Yourself: How to Stop People-Pleasing and Transform the Way You Live

CAPA Eduardo Foresti

PREPARAÇÃO Cristina Yamazaki

REVISÃO Márcia Moura e Marise Leal

Dados Internacionais de Catalogação na Publicação (CIP)
(Câmara Brasileira do Livro, SP, Brasil)

Turrell, Emma Reed
A arte de se agradar : Como parar de agradar só aos outros e transformar a sua vida / Emma Reed Turrell ; tradução Guilherme Miranda — 1ª ed. — São Paulo : Fontanar, 2021.

Título original: Please yourself : How to Stop People-Pleasing and Transform the Way You Live
ISBN 978-85-8439-224-7

1. Autoaceitação 2. Autorrealização (Psicologia) I. Título

21-70829 CDD-158.1

Índice para catálogo sistemático:
1. Autorrealização : Psicologia 158.1

Cibele Maria Dias – Bibliotecária – CRB-8/9427

[2021]
Todos os direitos desta edição reservados à
EDITORA SCHWARCZ S.A.
Rua Bandeira Paulista, 702, cj. 32
04532-002 — São Paulo — SP
Telefone: (11) 3707-3500
www.facebook.com/fontanar.br
instagram.com/editorafontanar

Para Thomas e Elsa, agradem-se.

Sumário

Introdução

Todos conhecemos aquele tipo que faz de tudo para agradar aos outros. Pode ser que tenha dificuldade em dizer o que quer ou não goste de ir contra a maré. Tem o hábito de pedir desculpas quando não fez nada de errado ou se sente culpado por mudar os planos. Alguém que acha mais fácil dizer "sim" do que explicar por que não. Talvez essa pessoa faça todas essas coisas. Talvez você mesmo seja assim?

Eu era assim. Nascida pontualmente na manhã da data prevista, eu era uma criança boa em deixar os outros felizes. Se meus pais davam uma festa, eu adorava a chance de fazer sala para os convidados e me oferecia de bom grado para visitar os avós e cantar músicas de Natal para eles. Uma camaleoa, eu sempre conseguia me adaptar para me encaixar em qualquer situação social e usava meus poderes de agradar para dar aos outros o que eles queriam. Na vida adulta, ainda me via fazendo o mesmo no trabalho e com os amigos, priorizando a felicidade dos outros e parecendo incapaz de dizer "não". Eu evitava assim o risco de alguém não gostar de mim (na realidade, evitava o risco de não gostar de mim mesma), mas agradar aos outros estava me impedindo de viver de forma autêntica e, às vezes, até me deixando doente. Agora ajo muito menos dessa forma e me sinto bem melhor.

Na prática clínica como psicoterapeuta, vejo todos os dias pessoas em conflito com os dilemas complexos de uma vida em que não é possível agradar a todo o mundo e não é permitido agradar a si mesmo. Trabalhamos em conjunto para que essas pessoas consigam chegar à conclusão libertadora de que não há como agradar a todos, e que o segredo é parar de tentar.

Quando essas pessoas mudam, elas olham para trás e dizem: "Queria saber na época o que sei hoje". Que se agradar não significa dizer "eu em primeiro lugar", mas sim "eu também".

Este livro foi escrito para ajudar você a saber *agora* o que vai saber depois.

Então, eu gostaria de conversar com você sobre agradar aos outros... Tudo bem por você?

POR QUE FAZEMOS ISSO?

Podem ter lhe dito que agradar aos outros significa ser atencioso ou gentil. Na realidade, porém, isso vem de um desejo de organizar as reações das outras pessoas e evitar o desconforto que o desagrado delas gera em você. Agradar aos outros é uma estratégia elaborada para manter você no controle, uma estratégia disfarçada por um verniz de pseudogenerosidade ou flexibilidade.

Pessoas obcecadas por agradar não suportam a ideia de decepcionar os outros, e acham devastador quando alguém não gosta delas. Temos medo de ser julgados e de descobrirem que temos nossos próprios desejos. Sentir-se necessário é muito semelhante a sentir-se amado. Fazemos isso porque temos medo de perder as pessoas, porém nos perdemos em nossa tentativa vã de deixar os outros felizes.

As origens desse comportamento de tentar agradar são compreensíveis. Ser rechaçado seria perigoso para um animal social como nós, que depende do grupo para obter fogo, comida e proteção. Medo, culpa e vergonha são sentimentos primitivos, projetados para nos manter a salvo num grupo. Não faça nada que possa custar seu lugar perto da fogueira e levar você a ser exilado na natureza selvagem, morrer à míngua ou nas garras de um predador voraz. Não faça nada inaceitável se a punição puder ser a morte. No entanto, esses sentimentos não evoluíram com a vida moderna. Hoje vejo em meu consultório pessoas que se sentem culpadas por crimes tão hediondos quanto esquecer um aniversário, faltar ao trabalho por estar doente ou cancelar um jantar com os amigos. Por fazer *qualquer coisa* que tenha algum impacto sobre outra pessoa ou que possa deixar alguém incomodado. Certo dia um desses pacientes chegou atrasado em uma sessão, e mais desorientado que o normal: por conta de um voluntário agressivo de uma ONG, ficara preso numa conversa indesejada sobre a segunda vinda de Cristo e tinha se inscrito numa escola de idiomas on-line. Tudo isso no caminho do estacionamento e simplesmente porque não conseguia dizer "não". "Eles me veem chegando!", reclamou. Esses sentimentos primitivos de culpa e vergonha foram projetados para ser profundamente dolorosos e evitados a todo custo, mas hoje estão relacionados a atitudes que não justificam mais um castigo tão severo. Sem atualizar nossa compreensão desses sentimentos primitivos, podemos nos ver numa posição de evitar todo e qualquer transtorno, mesmo quando não somos os culpados.

Agradar aos outros não é um traço de caráter, é fruto de um condicionamento. Nestas páginas, vamos explorar o desenvolvimento dessa atitude, desde o nascimento, passando pela infância e pela adolescência, até a fase adulta, quando aquelas convicções do passado são reforçadas pelas novas escolhas que fazemos.

O LADO SOMBRIO DE AGRADAR AOS OUTROS

Historicamente, agradar aos outros é rotulado como um problema feminino, e há certa verdade no estereótipo cultural de que as garotas são criadas para baixar a cabeça e dar prioridade aos outros. Mas hoje em dia agradar é um problema para todos, independentemente de gênero, idade ou status. Por muito tempo, isso foi apresentado de maneira descontraída como uma questão de ser "tranquilo" ou "bonzinho demais". A crítica a esse comportamento era leve e até brincalhona. Seu tratamento era leviano e desdenhoso: "é só não se importar com o que os outros vão pensar". Ou então era transformado numa arma da filosofia de "ligar o foda-se", em que somos estimulados a ignorar os inimigos ou a "deixar essa merda para lá", quando na verdade deveríamos dar toda a nossa atenção a essa merda e lidar com ela de maneira definitiva. Se fosse tão simples quanto deixar de se importar, a essa altura todos já teríamos feito isso.

Mas não é. Agradar aos outros é uma compulsão comportamental em sacrifício de si próprio. E é tão prejudicial para as pessoas a quem agradamos quanto para nós mesmos. Agradar não é um hábito benigno com o qual devemos aprender a conviver, uma fraqueza bem-intencionada. É uma ansiedade em ação. É o medo de algo que não conseguimos controlar, isto é, as emoções dos outros. Os agradadores vão fazer de tudo para esconder sua verdade, para evitar causar um impacto ou provocar um incômodo. Se não for tratado, esse impulso de agradar, ou de não desagradar, pode resultar em ansiedade e depressão, problemas físicos de saúde, baixa autoestima e um autoabandono perigoso.

Hoje em dia, há mais gente do que nunca para agradar. Na agitação da vida moderna, o domínio do agrado parece infinito, nossos papéis e responsabilidades são imensos e os limites, indefinidos. Querem que sejamos flexíveis no trabalho e instantaneamente acessíveis a amigos, que sejamos parceiros no relacionamento ou cuidemos de crianças e de pais idosos — sem nunca parar de trabalhar. As redes sociais colocaram as pessoas que buscam agradar diante de plateias virtuais infinitas, terceirizando sua autoestima para algoritmos de marketing e curtidas de desconhecidos.

Você pode não se considerar uma dessas pessoas. Muitos de meus pacientes começam nessa posição, aparentemente sem ligar para as opiniões alheias e dispostos a viver a própria vida, sem se importar com os outros. Os agradadores mais óbvios podem ser os que estão ativamente tornando a vida mais fácil e confortável para as pessoas ao seu redor, mas eles são apenas a ponta do iceberg, e a necessidade de agradar pode vir de diferentes formas, usando muitos disfarces. Diferentes relacionamentos com a pressão de agradar podem causar uma variedade de reações, incluindo conscientemente *não* agradar em uma tentativa de ser autônomo; mas todas são defesas contra a mesma sensação de baixa autoestima, falta de potência e medo de rejeição. No próximo capítulo, vou apresentar os quatro perfis de quem busca agradar, todos com uma versão do mesmo problema: incapacidade de se sentir bem do jeito que se é.

No entanto, há outro caminho. E não é um caminho egoísta, mas sim uma forma de ser livre para responder não só a nossas próprias necessidades mas também às necessidades dos outros. Sentir que gostam da gente ou sentir-se necessário não é tão bom assim se o preço for nos sacrificarmos nesse processo, e em algum momento todos precisaremos fazer uma escolha: ser alguém que agrada aos outros ou ser uma pessoa autêntica.

Agradar a si mesmo é na verdade a forma mais responsável e generosa de se envolver em relacionamentos. A partir daí, podemos ser mais autênticos e mais respeitosos, tendo os recursos e a capacidade para ajudar os outros e a nós mesmos, pois nos darmos mais atenção não significa dar menos atenção aos outros. Não é de uma torta que a gente está falando.

IMPORTE-SE MELHOR, NÃO MENOS

Este livro oferece uma alternativa a esse comportamento de agradar aos outros. A mensagem não é deixar de se importar; pelo contrário, a sugestão é importar-se mais e melhor. Importar-se de maneira *mais* genuína, *mais* justa, *mais* adequada e *mais* regular, consigo mesmo *e* com os outros. Importar-se o bastante para assumir o risco de que você, você de verdade, não vai ser aceito por alguns, a fim de vivenciar uma aceitação incondicional por parte de outros. Importar-se o bastante para não sobrecarregar alguém com a responsabilidade indesejada de ser seu juiz e executor. Importar-se o bastante para reconhecer que não é possível dizer "sim" de verdade a menos que também se possa dizer "não". Dizer "sim" não tem nenhum valor se o "não" nunca foi uma opção.

Este livro vai ajudá-lo a se sentir melhor quando não gostarem de você e a não baixar a cabeça. Vai preparar você para se recuperar em vez de ter medo do fracasso. Vai ensinar a aceitar o julgamento em vez de evitá-lo. Não vou mostrar um modo de parar de agradar aos outros sem chatear ninguém, mas vou mostrar que ser menos "gostável" é uma forma de sobreviver e prosperar. Porque, antes de mais nada, um relacionamento que não comportava uma conversa sobre suas necessidades e seus sentimentos não era saudável, e ainda por cima ocupava o espaço de um relacionamento em que cabe esse diálogo.

Com este livro quero explicar e reconfigurar nossas motivações originais para agradar aos outros e oferecer a esperança de uma forma de seguir em frente na qual possamos abdicar de cuidar dos outros e dar conta da missão de cuidar de nós mesmos. Podemos aprender que as reações das pessoas são mais um reflexo da relação que elas têm consigo mesmas do que um julgamento legítimo a nosso respeito. Podemos aprender a sintonizar nossos sentimentos e necessidades e notar que, se nos sentimos magoados, essa é a nossa deixa para impor um limite à pessoa que nos magoou.

Este livro vai ensiná-lo a ser você mesmo. A parar de correr atrás das pessoas e, em vez disso, começar a atrair as pessoas, confiando que o que é para ser seu virá com tranquilidade e o que não é para ser nunca foi verdadeiro. Isso vai motivar você a passar tempo com as pessoas que fazem sentido para seu futuro, e não para seu passado. Vai fazer com que você seja melhor em suas amizades, seu relacionamento e sua família. Vai ajudá-lo a se importar de verdade com os outros, sem assumir problemas demais, apenas se importando mais consigo mesmo.

E este livro vai preparar você para a perda. Porque, com o crescimento, inevitavelmente há perdas. Haverá quem não queira que você pare de agradar. Mas, quando falarem "Você mudou", você saberá que o que eles estão realmente dizendo é: "Não gosto que você não esteja mais fazendo as coisas do *meu* jeito".

AS MUITAS FACES DO AGRADAR AOS OUTROS

Vamos acompanhar as histórias e a vida de agradadores que conheci, pelos bastidores da terapia de filhos que tentam agradar aos pais (e pais que tentam agradar aos filhos), de pessoas que agradam aos amigos e colegas de trabalho... Os exemplos deste livro se baseiam em centenas de pessoas com quem trabalhei, em diferentes serviços de terapia e ao longo de muitos anos de prática clínica. Os nomes e os detalhes que possam identificá-los foram alterados para manter a confidencialidade, e quaisquer semelhanças são meras coincidências. Em alguns casos, as histórias de diversas fontes foram mescladas para proteger ainda mais a identidade dos pacientes. Mas as experiências ainda assim são reais, o sentido é verdadeiro e o aprendizado dessas pessoas será nossa lição, se soubermos ouvir. Quer você tenha filhos ou não, esteja em um relacionamento ou não, seja qual for seu gênero, recomendo ler todas as histórias e ver com quais se identifica e o que pode aprender para ajudar a si mesmo. Em cada capítulo, haverá reflexões, observações e técnicas que podem ajudá-lo a se entender mais profundamente e a se colocar em uma direção diferente e melhor. Ao terminar, você terá um manual completo de como agradar a si mesmo.

A empatia é um dom. Quando agradamos aos outros, entregamos nosso cuidado indiscriminadamente a quem não quer ou não pode dar valor a ele. Quando agradamos a nós mesmos, damos aos outros a oportunidade de nos agradar. Este livro vai te ensinar a direcionar seu cuidado para as pessoas que mais o merecem, começando por você mesmo.

Os quatro perfis de agradadores

Embora muitos possam se reconhecer, a princípio, como alguém que pede desculpas demais, o empregado que odeia faltar quando está doente ou a última pessoa que se serve no jantar, nossas motivações para agradar aos outros são variadas. Depois de milhares de horas de trabalho de prática clínica, identifiquei quatro tipos diferentes de pessoas que buscam agradar e tracei esses perfis.

O AGRADADOR CLÁSSICO

Chamo os agradadores mais "tradicionais" de Clássicos. Eles se orgulham de sua capacidade de fazer tudo corretamente, de escolher o presente de aniversário ideal ou de organizar um jantar perfeito. Sem dúvida, serão ótimos nisso e parte do sistema de recompensa deles virá da gratidão e dos elogios que receberão das pessoas a que agradam. Essa se torna a definição que eles têm de si mesmos. É quem eles são e a razão de sua existência: tornar a vida dos outros mais fácil e confortável. Pergunte o que *eles* querem e não saberão responder.

Fascinados pela sensação de habitar perfeitamente o mundo de outras pessoas, os Clássicos se banham no calor que recebem de volta daqueles a que agradam. Esse momento de ser especial para outra pessoa é mais envolvente do que qualquer coisa que eles imaginem ser possível oferecer a si mesmos. Sua autoestima foi substituída pela estima do outro e eles só são bons o bastante se alguém lhes disser isso. Para um agradador Clássico, um tapinha no ombro dado por uma figura de autoridade é como ganhar na loteria.

O AGRADADOR SOMBRA

Os Sombras desejam viver a serviço de outras pessoas que ocupam a luz, aqueles que são aparentemente mais importantes e dignos da atenção do mundo.

Em algum lugar da infância do Sombra deve ter existido um narcisista, uma pessoa que não despertava empatia e esperava a admiração dos outros. Em torno dessa energia, o agradador Sombra trabalhou para cair nas graças das outras pessoas, esvaziando o próprio ego e inflando o das outras pessoas. Esforçou-se para ser o melhor coadjuvante ou o braço direito perfeito, o Número Dois ideal.

Os Sombras acreditam que a necessidade do outro é maior do que a deles; são os primeiros a ceder o lugar no ônibus e seguram eternamente a porta para outros passarem. Na vida adulta, continuam buscando oportunidades para encher o ego alheio. Eles gravitam na direção do status e do sucesso dos outros e são excelentes fãs. Mas só ficam satisfeitos se forem o fã número um — o que pode resultar em relações bastante competitivas entre grupos de Sombras e os torna amigos difíceis, considerando como se esforçam para ganhar o afeto de uma pessoa. Às vezes, a disputa pelo título de *melhor* amigo se torna mais importante até do que ser propriamente um bom amigo, e em pouco tempo Sombras ciumentos podem se tornar paranoicos e destrutivos. Quando um se oferece para lhe ceder um casaco, o outro precisa oferecer um rim. Você é mais um prêmio do que uma pessoa e pode se sentir mais um troféu do que um amigo.

O AGRADADOR PACIFICADOR

Agradar às pessoas às vezes está mais relacionado ao medo de errar do que ao desejo de acertar.

O Pacificador é um exemplo de pessoa que baseia suas ações na premissa de "não desagradar". Ele é a cola social que mantém as situações amigáveis e facilita a colaboração. É inclusivo e maleável. Como o maestro de uma orquestra, se encarrega da função de reunir indivíduos em um lugar de harmonia, sem ocupar espaço demais. Se a gente cortasse um Pacificador, veria que o sangue que corre em suas veias é uma indiferença tranquila. Depois ele pediria desculpas por espalhar sangue para todo lado, claro.

Na infância, talvez o Pacificador não tenha achado seguro deixar alguém chateado ou ficar próximo de discórdia. Essas pessoas aprenderam a aplacar e pacificar tranquilizando os sentimentos fortes dos outros ou escondendo seus próprios sentimentos para não provocar uma reação hostil. Os Pacificadores também se desenvolvem em famílias em que outra criança havia reservado o papel de agitador principal. Se uma criança é rebelde e confrontadora, não é incomum que um irmão assuma um comportamento de Pacificador para estabilizar a situação.

Entre os quatro perfis de pessoas que tentam agradar, o Pacificador é a Cachinhos Dourados: busca a aceitabilidade morna do meio-termo. Nem demais nem de menos, ele ocupa os pontos em comum, sem nunca expressar uma opinião controversa ou uma preferência que possa ser impopular.

O AGRADADOR RESISTENTE

Esses são agradadores disfarçados — aqueles que nem se identificariam como alguém que busca agradar.

São pessoas que não conseguem tolerar desagradar aos outros; mas, ao contrário dos outros perfis, são Resistentes: expõem defesas quando se dão conta de que não conseguem (ou não querem) fazer o que é preciso para provocar uma reação positiva. Incapaz de se comportar de uma forma que seja agradável o suficiente para evitar críticas ou rejeições, a última defesa do Resistente é sair do jogo. Afinal, se você não estiver jogando, não tem como perder.

Na vida adulta, os Resistentes evitam intimidade em relacionamentos e só se envolvem até certo ponto, mantendo sua vulnerabilidade protegida por uma persona que parece imune a críticas e, ao mesmo tempo, fechada para vínculos. Sua pele endurecida artificialmente os torna resistentes ao julgamento dos outros, tanto positivo como negativo. Eles ignoram os próprios sentimentos a fim de escapar da dor do fracasso. Autossuficientes, nos grupos podem ser vistos como alguém distante ou no papel de liderança. Entre confiantes e desdenhosos, os Resistentes parecem ter coragem de assumir suas convicções e não são influenciados facilmente, tampouco são fáceis de lisonjear ou consolar em momentos de dificuldade.

Podem não se parecer com os agradadores mais tradicionais, mas têm a mesma reação patológica às pressões de agradar. Sentem o mesmo peso do julgamento, porém, incapazes de tolerar esse peso, aprendem a ignorá-lo, a resistir a ele ou a negar sua existência. E quase sempre nem têm noção do que está acontecendo, o que pode tornar mais difícil ajudá-los. Tendo como grito de alerta o abuso de substâncias, a depressão, a síndrome de *burnout* ou um divórcio, antes de conseguirem alcançar um lugar mais saudável de agradar a si mesmos os Resistentes primeiro têm de aceitar sua relação mascarada com essa pressão em torno do agradar.

Você pode se reconhecer em um desses perfis, ou em mais de um. Pode até notar aspectos de todos eles na maneira como se comporta e nas pessoas que conhece. Ao longo da vida, usamos estratégias de diferentes perfis, sempre com a mesma intenção de nos defendermos dos riscos da rejeição.

Qualquer que seja sua relação com o comportamento de agradar aos outros, neste livro você encontrará exemplos desses quatro perfis e descobrirá lições que eles aprenderam ao longo do caminho e que os ajudaram a se tornar mais conscientes e preparados para criar laços autênticos e gratificantes.

Vamos começar vendo como surgem esses tipos de agradadores, a partir de mensagens que recebemos na infância.

O COMEÇO DE TUDO

Venho de uma família de fanáticos por futebol. Ganhei meu primeiro ingresso para um jogo quando era bem pequena, e costumava atravessar obedientemente as catracas do estádio Fratton Park a cada duas semanas, atrás do meu avô, do meu pai e do meu irmão mais velho. Eu tinha vontade de ir, mais por causa das salsichas empanadas e das barras de chocolate que surgiam nos bolsos do casaco do vovô no intervalo, porque o futebol em si não me interessava muito na época. Eu costumava levar um livro para me entreter enquanto as multidões pulavam da cadeira para comemorar e vaiar. Meu pai conta que eu erguia os olhos de vez em quando para perguntar quanto tempo faltava. Quando ele perguntava: "Por que, você não está gostando do jogo?", eu respondia, com toda a astúcia transparente de uma menina de seis anos: "É que estou me divertindo *tanto* que queria saber quanto tempo falta para aproveitar". Pensando agora, talvez eu não tenha sido tão convincente assim, mas queria responder ao meu pai de uma forma que o deixasse feliz. Não queria que ele se sentisse desapontado ou que achasse que eu preferia estar em outro lugar. Acho que ele também não queria me desapontar, já que nunca sugeriu que talvez eu não estivesse falando a verdade.

Crianças pequenas aprendem a agradar e isso começa já com seis semanas de vida, quando os bebês desenvolvem a capacidade de sorrir. Não porque estejam exatamente felizes, mas pela reação que recebem da pessoa para quem sorriem. Se os bebês sorrirem para seu cuidador, ele vai brincar com eles, abraçá-los, cantar para eles e fazer cócegas — em essência, um sorriso faz com que os bebês sejam amados. Até um bebê pequeno percebe que precisa desse amor para sobreviver, e a evolução lhe deu um superpoder: o poder de agradar.

Conforme vamos crescendo e nos tornando mais autossuficientes, continuamos precisando de relacionamentos para prosperar, no entanto, ao menos biologicamente, somos menos dependentes das outras pessoas para sobreviver. O que acontece, então, quando o bando pelo qual fomos criados determina que precisamos permanecer agradáveis e subservientes, que aqueles primeiros sorrisos e adaptações aprazíveis não eram um caminho para a sobrevivência e o amor incondicional, e sim estavam destinados a se tornar nossa identidade?

Acredito que os pais fazem o melhor que podem com o que têm, mas sempre haverá pontos cegos; não podem dar o que não receberam nem algo que não sabem que está faltando. Se as crianças recebem sinais de que precisam prestar mais atenção às necessidades dos pais do que às suas próprias, podem acabar se transformando em pessoas que buscam agradar o tempo todo. Uso o termo "pais" aqui, mas estou me referindo a qualquer adulto que tenha sido responsável por cuidar de você — isso inclui tias e tios, avós, padrinhos, professores ou irmãos mais velhos. Qualquer fonte de onde você tenha recebido suas mensagens — de forma explícita ou não — sobre como agir no mundo.

Vamos dar uma olhada na história de uma das minhas pacientes, Bianca, para ter um vislumbre da criação de alguém que busca agradar aos outros.

BIANCA

Bianca entrava correndo em nossas sessões de terapia, carregando diversas sacolas abarrotadas de coisas que usava para prestar inúmeros serviços a outras pessoas. Braços e agenda lotados, no máximo.

Na infância, tinha sempre a sensação de que não estava fazendo o suficiente nem sendo suficiente para a mãe, que passava os dias na cama e mal lhe dava atenção. Relembrando agora, Bianca podia ver que a mãe tinha depressão; anos tentando ter um bebê haviam lhe custado muito sofrimento, e nem mesmo a chegada de uma bebezinha depois de tanto tempo conseguiu dissipar a nuvem sombria que enchia a casa. Bianca era filha única e dedicou a infância a agradar aos pais de todas as formas que podia, esforçando-se muito para atender às expectativas da mãe e receber elogios do pai, e sacrificando suas próprias necessidades nesse processo.

LANÇANDO AS SEMENTES DO AGRADAR AOS OUTROS

Se um dos pais tem depressão ou ansiedade, para a criança pode parecer mais seguro buscar formas de deixá-lo feliz, mantê-lo regulado e ajudá-lo a controlar o sofrimento. Cuidar dos sentimentos e das necessidades dos pais pode implicar abrir mão dos próprios sentimentos e necessidades. Você pode ter dado início a uma reação em cadeia: cuida das demandas dos outros e exige que façam o mesmo por você. Talvez você espere que seus filhos lhe agradem agora, ou um amigo ou namorado. Todo o mundo está ocupado agradando aos outros, mas ninguém está agradando a si mesmo de verdade.

Bianca acreditava quando sua mãe lhe punha defeitos e aceitou a falta de amor da mãe como algo que era merecido. As crianças em geral não conseguem ver que seus pais são falhos e, quando um erro é cometido, embora pareça estranho, para as crianças é mais fácil entender isso como uma falha sua. Para elas os pais são "perfeitos"; afinal, se não puderem confiar que eles acertam, que esperança podem ter?

No entanto, claro, os pais cometem, *sim*, erros e esses erros precisam ser explicados para as crianças, assumidos pelos pais e reparados de maneira adequada, para que as crianças não cresçam com a sensação equivocada de responsabilidade. Talvez você tenha notado que seus pais demoravam para se desculpar quando cometiam erros e pode ser que tenha se responsabilizado por mais coisas do que deveria. Talvez faça isso até hoje.

Se algo traumático aconteceu com uma criança no começo da vida, a melhor saída dela pode ser criar regras para si mesma a fim de ajudar a se sentir mais no controle: seguir uma série de coisas "a fazer" e "a não fazer" pode dar uma sensação de segurança no mundo. As regras que ela aplica podem ser muito distantes da realidade, mas lhe proporcionam uma alternativa de ordem no caos. Se esse for seu caso, talvez o conflito pareça catastrófico e isso leve você a criar regras para o comportamento de agradar aos outros. Devemos aceitar que essa resposta ao trauma foi desenvolvida por um bom motivo na época, mas reconhecer que ela não é mais necessária nem útil agora, na vida adulta.

O pai de Bianca adorava a esposa e Bianca o via atender a todas as necessidades dela. Sua mãe podia ser cruel com ele, mas o pai estava sempre pronto e disposto a pedir desculpas e a restaurar a paz em casa. Ele também era um agradador, e a partir dele Bianca desenvolveu alguns de seus padrões. Na infância, aprendemos tanto com o que nossos pais fazem como com o que dizem. Se seus pais se colocavam na base da pirâmide, como o pai de Bianca, é provável que você tenha aprendido a fazer o mesmo. Se um de seus pais se empenhava em agradar a outros "pais" — reais ou imaginários —, com um olho em você e o outro olho nas expectativas dos outros, você pode ter aprendido a seguir esse exemplo. Se ele se importava demais com o que os outros pensavam, você pode se pegar se importando excessivamente também.

O pai de Bianca a elogiava por ser uma "boa menina" e por manter a mãe feliz, sem dúvida grato por poder dividir o fardo com outra pessoa — e, ao menos nesse aspecto, Bianca se sentia importante e necessária. As crianças adoram elogios. Se você era bom em entreter os adultos ou sempre deixou as outras crianças jogarem na sua frente, provavelmente era elogiado por isso. Quanto mais você foi elogiado por ser engraçado ou gentil ou generoso ou paciente, mais pode ter buscado essas situações novamente e mais isso pode ter se tornado parte da sua identidade em desenvolvimento.

CULTIVANDO UM AGRADADOR PERMANENTE

Bianca dedicou a infância a ganhar a aprovação da mãe e tentar agradá-la, a validar os desejos e apoiar as necessidades dela, porém, mesmo quando saiu de casa e pôde começar a própria vida, nada mudou. Havia aprendido que, para administrar os sentimentos da mãe, precisava não ter sentimentos próprios, e quando finalmente saiu de casa viu que continuava seguindo esses hábitos de agradar aos outros. Ela se casou com um homem que a criticava e menosprezava e, mesmo assim, ela se esforçava para agradá-lo, fazendo vista grossa para as bebedeiras e os casos extraconjugais dele.

Décadas se passaram e, com o tempo, veio a terapia. "Sei que não estou certa", ela me disse, "mas não sei o que há de errado." Sentia que estava deprimida, mas desconhecia o motivo. Na visão dela, gostava de seu trabalho, tinha bons amigos e se mantinha ocupada com os netos. Na realidade, havia tentado se afastar dos próprios problemas ajudando os outros e tinha perdido completamente o contato com as próprias necessidades — se é que um dia ela as conhecera.

Nosso trabalho foi montar sua noção de identidade, a começar pelo sentimento de abandono.

USE SEUS SENTIMENTOS PARA PARAR DE AGRADAR

Os sentimentos são cruciais para alguém agradar a si mesmo; eles dizem o que há de certo ou errado em uma situação e colocam você no caminho certo. Pessoas que buscam agradar o tempo todo, como Bianca, muitas vezes acabam não sentindo nada, ou sentindo apenas os sentimentos dos outros; ou confundem um sentimento com outro e se atrapalham quanto a qual atitude tomar.

Se sua família não lida com sentimentos, você pode ter aprendido a se encaixar em sua tribo emudecendo seus sentimentos também. Raiva? Que raiva? Se você ignorar a sensação, não poderá agir com base nela nem atender à necessidade que ela está comunicando. O álcool anestesia a dor, a depressão abranda os sentimentos e o excesso de trabalho distrai. Volte sua curiosidade para como os sentimentos eram evitados em sua família e como você evita seus sentimentos agora. Podem ter estimulado você a agir de maneira pragmática e sem emoções, de modo tal que hoje você busca apenas soluções e sempre tenta "consertar", mesmo quando se trata de problemas do coração.

Talvez sua família defendesse um estereótipo de gênero, como "meninos não choram" ou "meninas são delicadas", ou uma regra relacionada à idade, como "não se deve dar ouvidos às crianças". Nesse caso, suas opções de sentimentos podem ter sido delimitadas antes de você nascer.

Pode ser que você tenha recebido uma mensagem de que apenas certos sentimentos são justificáveis; por exemplo, se sua mãe se preocupava com tudo ou se seu pai se enfurecia no trânsito. Num ambiente assim, você pode depreender que um único sentimento serve para tudo e que uma abordagem única se adéqua a qualquer situação. Você se preocupa com as coisas quando, na verdade, deveria estar tentando mudar. Você se enfurece com as circunstâncias quando deveria aceitá-las. Você sente *algo*, mas não é a reação certa, então qualquer atitude que toma parece redundante e você nunca sente alívio.

Talvez tenha sido seu papel cuidar das emoções da família inteira, manter a situação equilibrada ou ser o raio de luz que animava todo o mundo. Você estava tão ocupado entrando em sintonia com as necessidades *deles* que não teve tempo de se sintonizar consigo mesmo.

SINTA POR SI MESMO

Em nossas sessões, eu e Bianca revisitamos algumas de suas experiências da infância, dessa vez com o complemento pleno dos sentimentos a que ela não tinha acesso na época.

Uma de suas memórias mais dolorosas era dos horários de almoço na escolinha, quando tinha oito anos. Seus amigos chegavam com lancheiras de plástico bonitas, com alça, feito maletinhas quadradas, decoradas com personagens conhecidos e etiquetas com o nome perfeitamente escrito nas letras caprichadas das mães. "Nunca tive uma lancheira", Bianca me contou, "era sempre um saco velho e surrado do supermercado e lembro que eu ficava com ele no colo para ninguém notar." Lágrimas encheram seus olhos enquanto ela continuava: "Eu preparava meu próprio almoço toda manhã. Lembro que a manteiga estava sempre gelada demais e rasgava o pão e que o meu iogurte estourava na bolsa e acabava molhando todos os meus livros. Se sobrava leite do café da manhã eu levava para tomar, mas nunca me falaram que precisava ser refrigerado, então sempre azedava até a hora do almoço". Os amigos dela colocavam a comida na mesa e Bianca se espantava com o cuidado e a atenção que tinham sido dedicados ao preparo dos lanches deles: sanduíches de geleia cortados em formatos diferentes, minicaixas de uvas-passas, biscoitos de chocolate envoltos em papel-alumínio e caixinhas de suco com canudo. "Me dá vontade de chorar quando penso nisso agora", ela disse. "As mães deles tinham feito aquilo por eles. A minha nem tinha saído da cama naquela semana."

Até então a depressão de Bianca a havia defendido de sua tristeza, mas estava na hora de trazer seus sentimentos de volta à tona e usá-los para ajudá-la a refletir sobre suas memórias com uma compaixão renovada pela criança que tinha sobrevivido a elas.

AGINDO DE ACORDO COM SEUS SENTIMENTOS

Reconhecer como nos sentimos é apenas o primeiro passo para nos recuperarmos. Então a questão passa a ser o que fazer com as informações que nossos sentimentos proporcionam. Agora, com seus sentimentos à disposição, Bianca podia começar a refletir sobre o que precisara na infância e que ações reparadoras tinha que tomar no presente.

E se não tivermos um modelo de ação a fim de atender a nossas próprias necessidades? Quando éramos bebês, todos dependíamos de outras pessoas: chorávamos para provocar uma mudança de estado, sorríamos e ríamos para mostrar alegria e conseguir mais do que queríamos. Mas e se, como adultos, apesar de todos os nossos recursos e nossas habilidades sofisticadas de comunicação, continuamos buscando agradar (ou não desagradar) os outros, em uma tentativa de que nossos sentimentos sejam resolvidos para nós? Mesmo que Bianca entendesse a tristeza que sentia na época, ela não saberia o que fazer com isso. Até agora não sabia ao certo como ajudar a si mesma.

Assim como nossos sentimentos, nossa capacidade de agir pode ser restringida pelas mensagens que recebemos na infância. Antes de poder ajudá-la a dar os passos certos, era preciso descobrir como, inconscientemente, Bianca impedia suas tentativas de expressar seus sentimentos.

O QUE ATRAPALHA VOCÊ?

Se você sabe como se sente, mas não lhe era permitido agir por si mesmo, é possível que tente fazer outras pessoas agirem por você agora. Talvez você não tenha sido estimulado a experimentar coisas novas ou a assumir riscos, ou levou uma bronca quando pediu de forma direta o que queria ou quando contestou o ponto de vista dos seus pais. Talvez seus pais tenham feito tudo por você ou tomado todas as decisões em seu lugar. Você não consegue pedir diretamente aquilo de que precisa, por isso aprendeu a insinuar, ou a fazer bico, ou a bajular e implorar. Você tem de coagir alguém para mudar a situação por você ou então desiste completamente da mudança.

Pode ser que ninguém tenha lhe ensinado a tomar atitudes. Você não sabe como se defender, por isso não saberia o que fazer com o sentimento de raiva nem se conseguisse reconhecê-lo. Pode ser que não tenha visto seus pais tomarem atitudes; talvez eles fossem passivos e parecessem resignados com a vida. Em vez de mudar a situação, você tenta mudar a si mesmo e buscar formas de não se importar tanto assim.

Se não acredita que a mudança é possível ou faça alguma diferença, seja porque nunca passou pela experiência de ter o que quer ou porque não acredita que merece um resultado diferente, você pode desistir de sua capacidade de agir no processo. Em vez disso, vai se esforçar pelos outros, aceitando o que estiver sendo oferecido e sentindo gratidão pelo que conseguir.

Podem ter lhe ensinado a tomar a atitude errada. Talvez tenham falado para você "superar" ou "dar a outra face" quando era maltratado, em vez de se defender ou revidar. Talvez tenham falado para você não baixar o astral do grupo quando ficasse triste, por isso você esconde as lágrimas até hoje.

Tomar a atitude errada, ou não tomar atitude nenhuma, é como pegar um copo d'água quando se está com fome, ou tentar negar que a barriga está roncando porque não é hora do almoço. Bianca tentou sentir prazer em deixar as outras pessoas felizes, tentou se convencer de que não tinha motivos para estar deprimida, mas não eram essas as atitudes necessárias e assim não havia como acertar o alvo.

O PERFIL DE BIANCA

Bianca era uma mistura dos perfis de agradadores, decidida a cuidar do maior número de pessoas que conseguisse. Agradava à família e aos amigos como uma agradadora Clássica, dizendo sim a tudo e encontrando infinitas maneiras de deixar as pessoas felizes. Ela se martirizava por aqueles que considerava superiores e levava uma vida de servidão, como uma Sombra. Usava comportamentos de Pacificadora para manter a paz em casa, perto de um marido que tinha mudanças de humor imprevisíveis, e detestava decepcionar os outros, exaurindo-se com sua lista de compromissos sem fim.

Se tivesse desistido de tentar criar um laço com a mãe, ou perdido a confiança em suas tentativas de agradar, poderia a essa altura ter se tornado uma Resistente e controlado suas perdas — não se livrando da pressão de agradar, mas pelo menos sendo capaz de mitigá-la, evitando relacionamentos em geral. Eu a via mergulhar às vezes em comportamentos de Resistente, no entorpecimento e na indiferença que tomavam conta dela durante crises de depressão particularmente profundas. É possível que a mãe dela também tenha sido uma Resistente, apoiando-se na depressão para mascarar a própria vulnerabilidade.

Diferentes combinações de fatores ambientais criam misturas de perfis de agradadores, os quais podem mudar e evoluir com o tempo. Talvez você consiga notar seu perfil na infância e então pensar como ele age em seus relacionamentos hoje.

REPARANDO O COMPORTAMENTO DE AGRADAR

Em nossas sessões, Bianca passou a entender como seu agradador interno havia sido criado em resposta à indisponibilidade emocional da mãe e ao modelo que recebera do pai. Na vida adulta, sua função agora era tornar-se emocionalmente disponível para si mesma, prestar atenção em seus próprios sentimentos e agir de acordo com as próprias necessidades em termos de autocuidado e apoio. Depois de algumas semanas de trabalho juntas, ela veio a uma sessão e me disse que tinha acabado de ver uma linda vitrine de "volta às aulas" em uma loja de presentes na rua principal. Enquanto falava, pegou uma sacola e tirou duas lancheiras de cores vivas com garrafinhas de água combinando, uma para a neta e uma para si. Não conseguiu conter as lágrimas enquanto me mostrava esse lado que surgia nela, um lado que finalmente estava aprendendo a agradar a si mesma.

Entender por que fazemos o que fazemos pode nos oferecer uma oportunidade de mudança. Por meio de histórias de pacientes como Bianca, vou levar você pelos bastidores para olhar as origens dos agradadores, o impacto que o comportamento de agradar aos outros tem na vida deles e na vida das pessoas ao redor, e as lições que os ajudaram a embarcar em uma jornada de agradar a si mesmos. Vamos olhar para as lições e os aprendizados para que você também possa se fazer aquelas perguntas "de terapia" que podem trazer seus sentimentos à tona e lhe mostrar atitudes que pode precisar tomar para se sentir mais satisfeito com sua vida.

Dar-se conta do que estava faltando lá atrás nos mostra o que precisamos buscar hoje. A partir do momento em que você consegue identificar quais feridas desenvolveram seu comportamento de agradar aos outros, sua tarefa passa a ser cicatrizar essas feridas. Talvez tenham falhado com você no passado, mas, se agora você pactuar com essas condições originais e continuar ignorando suas necessidades, *você* falha consigo mesmo no presente.

Podemos corrigir o estrago. Toda vez que ouvimos e agimos de acordo com os nossos sentimentos de maneira autêntica, damos a nós mesmos a mensagem de que importamos. Criamos uma via nova em que temos permissão de sentir, em que nossos sentimentos são válidos e podemos tomar atitudes relevantes para dar vazão a eles. Quanto mais sentimos os resultados positivos de agir de acordo com nossos sentimentos, mais chances teremos de fazer isso de novo, e assim o ciclo se torna virtuoso.

Ao longo dos próximos capítulos, convidarei você a refletir sobre suas origens e seus comportamentos. Dedique seu tempo às perguntas e aos exercícios que aparecem (pode ser bom ter papel e caneta à mão) e veja se consegue estimular sua curiosidade a respeito do lugar de onde veio e como ele fez de você quem você é hoje.

COMO SEU COMPORTAMENTO DE AGRADAR SURGIU

Pare um pouco para lembrar as mensagens que você recebia na infância.

Consegue identificar as origens de seu comportamento de agradar aos outros?

Você pode ter sido elogiado por comportamentos que agradavam aos outros. As cartas de agradecimento que escrevia, sua disposição para compartilhar, sua reputação por ser sensível ou bem-comportado, ou por ser um bebê ou um irmão “bonzinho”. Talvez sua identidade tenha sido atrelada a ser tranquilo, esforçado, dócil ou sociável, e talvez seus pais também fossem assim. Ou, talvez, você tenha aprendido a não desagradar — talvez não tenha sido uma boa sensação desapontar as pessoas em casa ou na escola. Talvez as emoções negativas tenham parecido perigosas, talvez uma ou mais das pessoas que cuidavam de você se irritassem facilmente, ou talvez um de seus irmãos já tivesse reservado o papel de rebelde. Pode ser que tenham estimulado você a pensar em vez de sentir, a ser racional em vez de emocional. Você pode ter aprendido a não criar problemas nem causar conflito, a passar despercebido ou manter a paz, a desaparecer ou ficar em segundo plano.

Agora que você tem uma ideia de como passou a tentar agradar aos outros, veja se consegue perceber algo sobre *por que* isso pode ter acontecido.

Agora, como uma pessoa adulta, o que você consegue notar que não notava na época?

Veja se consegue perceber o que mais estava acontecendo com seus pais e cuidadores, o que sabe hoje sobre a situação deles na época e sobre a origem deles. Perceber que sua mãe era uma agradadora crônica ou que seu pai era um perfeccionista não vai desfazer a pressão que puseram sobre você, mas pode contribuir para entender que esse era o jeito *deles*, e não o *único* jeito. Você pode usar essa consciência para fazer as coisas de forma diferente agora. Para derrubar o bastão intergeracional que lhe passaram, agora que sabe o que ele significa.

Se conseguir reconhecer que sua tendência de agradar aos outros deve ter se originado, ao menos em parte, nas mensagens que recebeu décadas atrás, talvez consiga se abrir à possibilidade de que elas podem não ser mais tão relevantes na vida adulta.

Agora pense nas mensagens que recebeu a respeito de sentimentos, e em sua capacidade de agir de acordo com o que esses sentimentos lhe mostram.

Como seus sentimentos e ações são interrompidos?

Veja se consegue se conectar à forma como se sentia naquela época, com o que lhe diziam sobre sentimentos, o que você fez com eles e se ficou satisfeito, ou não, com as atitudes que tomou. Talvez seus sentimentos não fossem bem-vindos, ou você não os entendesse, ou não soubesse que alguma atitude precisava ou poderia ser tomada. Pode ser que sempre tenha tomado a mesma atitude e conseguido o mesmo resultado decepcionante, ou talvez a mudança parecesse impossível, então você tenha aprendido a desistir de tentar.

Veja se consegue identificar em que ponto você ficou preso, se continua a evitar seus sentimentos ou a descartar suas opções de agir motivado por eles, e então você saberá onde

colocar seu foco agora, à medida que for
aprendendo mais sobre sentimentos e
atitudes autênticas nos próximos capítulos.

Se não atualizarmos os sistemas de crença primitivos que criaram nossos mecanismos internos de agradar aos outros, podemos nos ver adultos, com empregos e financiamentos e nossa própria família, ainda tentando merecer a aprovação do pai e da mãe — ou seja, agradadores crescidos ainda em busca de amor.

Agradar aos pais

Todos queremos agradar aos pais quando somos pequenos. É natural e, por um tempo, gostamos dos elogios que isso nos traz e da sensação de pertencimento que nos proporciona. No entanto, não somos projetados para continuar agradando aos nossos pais para sempre. Somos feitos para crescer, nos separar deles e criar nossa própria família, com nossos próprios objetivos e prioridades.

Alguns filhos nunca deixam de agradar aos pais. Na vida adulta, continuam buscando a aprovação deles, ou se enraivecem quando eles não concordam com suas escolhas. O que é pior: inconscientemente, criam a mesma dinâmica com outras figuras de autoridade ao longo da vida adulta, sempre buscando acertar e agradar aos "pais" em qualquer situação. Até criam um pai interno crítico a quem obedecer na ausência de uma autoridade externa.

VISTA SEU CASACO

Para ilustrar esse conceito quando estou trabalhando com pessoas que buscam agradar aos pais, costumo usar a ideia de vestir o casaco.

Pense em você pequeno. Primeiro você veste o casaco porque sua mãe (ou quem cuida de você) manda. Você obedece porque ela é a autoridade e tem o poder e a sabedoria para guiá-lo.

Agora pense em si mesmo mais crescidinho. Sua mãe manda você colocar o casaco, mas, dessa vez, você não o veste. Existem dois momentos do desenvolvimento em que passamos naturalmente por esse estágio: primeiro quando criança que começa a reivindicar sua independência, e, depois, na adolescência, quando nos arriscamos por vontade própria. Nesses momentos, você não veste o casaco, justamente *porque* sua mãe falou para vestir. Trata-se de uma rebeldia saudável, com a intenção de formar uma identidade diferente da dela; está relacionado a separar-se dela e tornar-se um indivíduo.

Agora veja-se como um adulto. Se conseguiu percorrer esses estágios de obediência e rebeldia fazendo parte de um sistema e, ao mesmo tempo, sendo você mesmo, vai se encontrar do outro lado, em um ponto no qual consegue vestir o casaco *apesar* do que sua mãe diz. Não estando compelido nem a obedecer nem a desafiar sua mãe (nem nenhuma outra figura de autoridade que venha depois), você é livre para ser quem você é e consegue tomar suas próprias decisões. Sua decisão não está relacionada a aprovação ou desaprovação de sua mãe; é independente. Você veste o casaco porque é a coisa *certa* a fazer na situação. Não faz isso porque sua mãe mandou, mas pode levar em conta a opinião dela ao avaliar as opções. Não precisa se rebelar contra o conselho dela por uma questão de princípio e consegue suportar o peso do comando se o que ela quer também for bom para você.

A rebeldia é um estágio difícil para uma criança em desenvolvimento, porque vai contra nosso impulso natural de nos adequarmos e fazer parte de um grupo. Se tivermos sorte, nossos pais ou cuidadores entenderão que essa é uma etapa saudável e essencial de nosso desenvolvimento e nos ajudarão nessa jornada, mesmo quando for difícil administrar tudo isso. Eles vão abrir espaço para dialogar sobre nossos sentimentos, vão ouvir nosso ponto de vista e validar nossas experiências mesmo quando discordarem de nós. Vão nos oferecer apoio e permissão para sermos diferentes, para irmos sozinhos e aprender com nossos erros sem nos envergonharmos. Mas e se seus pais nunca se rebelaram porque não tinham essa abertura dos pais deles? E se não conseguem lidar com nossos sentimentos mais profundos ou temem demais o que pode acontecer conosco, ou com eles, se formos embora ou mudarmos? Nesse caso, podem nos recompensar pela obediência, punir nossa rebeldia ou ridicularizar nossa diferença. Podem nos controlar demais para fazer com que continuemos nos comportando da maneira como eles estão acostumados, e pode ser que carreguemos esse fardo ainda na vida adulta.

EXCESSO DE OBEDIÊNCIA

Você ainda veste seu casaco quando uma figura de autoridade manda?

Pense em como se sente quando seus "pais", literal ou figurativamente falando, aprovam suas escolhas. Pode ser que goste da sensação de quando eles concordam com você ou apoiam suas decisões. Como você se sentiria se não concordassem com algo que fez? Talvez tenha dificuldade em nadar contra a corrente ou ver a desaprovação no rosto deles. Talvez não confie no próprio discernimento e dependa do deles. Talvez aceite o ponto de vista deles de modo tão incondicional que nem nota que poderia haver outro caminho, ou um caminho melhor para você.

Se foi estimulado a agir só de acordo com as regras de seus pais, pode ser que você tenha empacado nesse estágio de conformidade. Você pode ter dificuldade para escolher um parceiro, ou sair de um trabalho, ou tomar outras decisões da vida adulta, sem antes consultar alguma fonte externa de autoridade — sejam seus pais de verdade, o oráculo do Google ou uma bola de cristal.

Você pode se sentir melhor se todos concordarem com a forma como gasta seu dinheiro ou cria seus filhos. Pode ficar profundamente abalado se criticarem suas escolhas ou desprezarem suas opiniões. Você pode ter até internalizado as mensagens de seus pais sobre certo e errado e agir com base nelas sem perceber: você não precisa mais consultar seus pais na vida real porque eles existem dentro da sua cabeça. Essa obediência pode se tornar automática e perdurar por muito tempo depois que eles morrem.

Você vive uma versão da vida de seus pais em vez de sua própria realidade porque não quer ser um pária, mas, na realidade, o desviante de uma família disfuncional costumava ser exatamente quem conseguia ver todas as bobagens dos pais.

LUKE

Luke sofreu pressão para se adequar. Cresceu negando sua homossexualidade para si mesmo e para todos ao redor, tentando se adequar às expectativas dos pais e às mensagens parentais da sociedade conservadora mais ampla.

Luke me disse que havia sido criado em uma região fortemente protestante dos Estados Unidos, onde se assumir homossexual não era uma opção. Ele tinha se casado com uma mulher e se convencido de que poderia levar a vida heterossexual que se esperava dele, dando à mãe os netos que ela tanto queria. Anos de padrões de comportamento de Pacificador o levaram à depressão e, depois de um tempo, um amigo o convenceu a fazer terapia.

Luke admitiu com muita dor a mentira que estava vivendo e o amor que sentia por um colega — uma admissão que poderia destruir a vida de todos que amava.

Guardou seu segredo, mas se separou da mulher e se mudou para o Canadá, onde começou uma vida nova; depois de um tempo, criou coragem e saiu do armário para os amigos mais próximos. Finalmente podia ser ele mesmo, porém ainda assim não conseguia se livrar da sensação de vergonha.

Quando o conheci, Luke estava administrando uma empresa no Reino Unido e sofrendo para resolver um conflito da diretoria. Certa manhã, chegou suado e esbaforido, rindo enquanto me dizia que tinha vindo correndo da academia porque seu instrutor havia se atrasado de novo. Luke era um homem confiante e bem-sucedido, mas travou quando sugeri que poderia dizer ao instrutor que precisava que suas sessões fossem pontuais.

"Mas e se ele achar que eu o estou criticando?", falou, horrorizado.

"É verdade", refleti. "E se ele realmente se sentir criticado a princípio? E se isso fizer parte de ser fiel a si mesmo e melhorar o relacionamento entre vocês?"

Desafiar qualquer forma de autoridade era vergonhoso para Luke. Tinha quase cinquenta anos e ainda fazia os pais acreditarem que era heterossexual, chegando a ponto de inventar relacionamentos para tornar a situação mais acreditável. Parte dele era louca para não mentir mais aos pais, porém ele temia que houvesse consequências — que ele os envergonhasse, perdesse a aprovação deles e, com isso, o amor deles —, assim dizia aos pais o que eles queriam ouvir e mantinha distância para não ter de decepcioná-los. Fazia o mesmo no trabalho, falando para os diretores o que *eles* queriam ouvir, mas criando problemas maiores no processo. Esse se tornou o tema de nosso trabalho: o fato de Luke se dispor a negar as próprias necessidades ou ficar sem nada a fim de evitar desafiar qualquer tipo de voz "parental".

REFINANDO UMA VOZ PARENTAL ATUALIZADA

Assim como Luke, talvez você tenha medo de que quebrar seu contrato de obediência com os pais possa destruir o relacionamento de vocês, mesmo já adulto. Se esse for o caso, você pode se ver preso em um estágio de excesso de obediência que não é nada saudável. A rigorosa voz parental internalizada pode criticar você de maneira indiscriminada — por nadar contra a corrente em qualquer área de sua vida ou por não atender às expectativas dos outros.

Como adultos, precisamos rever as expectativas do passado de uma perspectiva do presente, refletir sobre elas e lhes dar um novo sentido. Quem busca sempre agradar muitas vezes engole os pontos de vista das outras pessoas sem mastigar, sem se permitir o tempo e a liberdade de refletir sobre a validade deles. Precisamos filtrar as informações relevantes das opiniões de nossos pais (e de outras pessoas em posições de poder) e deixar de lado o que não nos serve mais.

Antes de Luke decidir tratar a falta de autenticidade em sua relação com os pais, ele precisava de ajuda para tomar decisões mais adequadas nas relações do dia a dia. Ainda que resolvesse nunca confrontar o preconceito original, poderia decidir sair da sombra desse lugar e se recusar a aceitar sentimentos equivocados de vergonha pela autoridade desafiadora no trabalho, ou mesmo na academia.

Tenho certeza de que os pais de Luke tiveram os motivos deles para ter os pontos de vista que tinham, assim como os seus pais. Talvez você não possa conversar com seus pais na vida real para descobrir as origens disso, e entender o contexto deles, mas ainda assim pode ter uma conversa produtiva com eles na sua imaginação, sobre por que eles viam as coisas como viam.

CONTEXTUALIZANDO OS PAIS

Imagine-se tendo uma conversa com seus pais sobre os motivos para as regras deles. O que você pode descobrir sobre a situação e as motivações deles?

Talvez possa notar, como adulto, que havia coisas acontecendo na vida deles que não eram compreensíveis para uma criança. Você pode conseguir perceber que eles eram ansiosos e preocupados, e que controlavam por medo ou ignorância. Ser um sucesso ou um fracasso aos olhos de alguém importa menos se você conseguir entender que essa pessoa não tinha as informações nem a consciência necessária para julgar bem. Ou, se conseguir voltar atrás e relembrar as palavras

deles com uma nova compaixão, como pessoas
fazendo o melhor que podiam, isso muda
a maneira como você se sente em relação às
demandas deles sobre você agora? Talvez você
possa até encontrar no ponto de vista deles uma
intenção positiva ou um fundo de verdade que
te caia bem, caso consiga ignorar tudo o mais
que foi prejudicial ou antiquado.

Depois que ouvir a opinião deles, pare
um momento para ouvir a sua própria opinião
também; como você se sentia na época e como
se sente agora ao escutar o ponto de vista dos seus
pais ou de uma figura de autoridade. Lembre-se
das regras que recebia e se pergunte: qual é o *seu*
ponto de vista e como ele se compara com o ponto
de vista deles? Pode ser completamente diferente
ou pode ser apenas uma leve reformulação. Talvez
você possa até se agradar sem os decepcionar.
Uma estudante universitária com quem trabalhei
se sentiu tranquilizada ao descobrir que seus pais
ficavam tão felizes recebendo notícias dela uma
vez por mês quanto recebendo o telefonema que ela
achava que deveria dar todos os dias. "Quando você
não liga por um tempo, a gente sabe que é porque
está feliz, e isso é o que mais importa para nós",
eles disseram, para a surpresa e o alívio dela.

A autocrítica desnecessária pode nos paralisar em uma posição fixa e antiquada, impedindo-nos de atualizar os contratos de nossas relações ou de fazer qualquer mudança que seja, mesmo quando a mudança que queremos possa ser merecida.

A ideia de agradar a si mesmo não significa desagradar aos outros; não se trata de algo antagônico. A solução para o problema da pressão de agradar não é se opor diretamente a todos. Devemos guardar as mensagens úteis de nossos pais e internalizar uma voz parental benéfica quando crescemos. É a parte de nós que contém mensagens cruciais de proteção, segurança e moralidade. Ela nos diz para tomar cuidado ao atravessar a rua, nos vestirmos de maneira apropriada para uma entrevista ou cooperarmos com a sociedade. Em geral, há coisas boas na voz parental (exceto em situações extremas em que um dos pais era genuinamente negligente ou abusivo), porém, sem a liberdade para desenvolvermos nossa própria sabedoria, não percebemos que podemos escolher quais mensagens queremos levar conosco. É preciso refinar a voz parental que recebemos na infância a fim de atualizá-la, e faz sentido que as regras da época de nossos pais não se apliquem à sociedade de hoje. Medidas que tinham o objetivo de proteger a reputação de nossos pais não serão necessárias agora; na realidade, podem até ser extremamente prejudiciais. Vozes parentais não contestadas são um terreno fértil para preconceitos e paranoias, e é essencial que elas sejam filtradas ao longo das gerações.

A REBELDIA DO RESISTENTE

Se seus pais não lhe deram espaço para pensar e refletir sobre as opiniões deles e atualizar os conselhos deles, e você não conseguia engoli-los sem mastigar como Luke tentou fazer, sua única alternativa terá sido rejeitá-los por completo. Quando rejeitamos totalmente a voz dos pais, conseguimos evitar suas críticas e seu controle, mas também perdemos a sabedoria que ela contém. Evitar toda e qualquer voz parental é o comportamento do Resistente. Sem estarmos a salvo da pressão de agradar, banimos todo o discernimento, jogamos o que é bom fora junto com o que é ruim — e o bebê junto com a água do banho. Para fugir do veredito dos pais, também nos privamos de uma autoavaliação honesta, desviamos de nossa consciência e nos esquivamos de seus sinais de que deveríamos assumir responsabilidade. Perdemos contato com a parte de nós que consegue tomar decisões sábias e nos manter seguros. Ficamos apenas com a parte "criança" que sabe *não* vestir o casaco quando alguém nos manda vesti-lo, mesmo quando isso nos expõe ao frio e à desproteção. Se você tem um perfil mais Resistente, pode rejeitar as opiniões de seus pais logo de cara e fazer as coisas do seu jeito, mesmo quando eles têm razão. Relutante em obedecer, mas incapaz de se agradar, você consegue apenas se rebelar, como era o caso de Fraser.

FRASER

Fraser tinha apenas seis anos quando seus pais o deixaram no internato. As palavras de despedida do pai, antes de partir, foram: "Nos dê motivos de orgulho, e nada de chorar, hein?". Demoraria um ano para ele voltar a ver os pais e a irmã caçula. Ele se lembrava das lágrimas que enchiam seus olhos e que tornavam difícil ler as cartas da mãe contando histórias da vida familiar feliz sem ele. "Eu não podia contar para ninguém sobre como me sentia", Fraser me disse, "porque tinha que seguir em frente. Senão, era zombado e castigado. Eu fingia para mim mesmo que eles estavam mortos. Isso tornava as coisas mais fáceis de certo modo."

Essa não foi a primeira vez que seus pais partiram seu coração. Mesmo antes desse dia fatídico em que foram embora e o deixaram para trás, Fraser lembrava de sentir a pontada dolorosa da rejeição.

"Lembro de fazer uma pergunta para minha mãe, daquele jeito infantil com que as crianças fazem perguntas impossíveis", ele disse, sorrindo. "'Se a casa estivesse pegando fogo e você tivesse que escolher entre mim e o papai para salvar, quem você salvaria?' Minha mãe parou para pensar e disse, com ponderação, 'Bom, eu salvaria os dois, claro.' Então eu insisti: 'Não, bobinha, você só pode salvar um de nós!' 'Ah', ela falou, 'bom, nesse caso, eu salvaria seu pai. Afinal, nós temos outra filha.'"

Ainda muito jovem, Fraser encontrou uma maneira de sobreviver por conta própria e de se tornar, na visão dele, "autossuficiente aos seis". Deixou de confiar nos pais e encontrou certo consolo em se rebelar contra eles e contra as expectativas deles. Se não tinha importância para eles, então era preciso que não se importasse com eles também. Passou a quebrar as regras e começar brigas com os outros meninos, divertindo-se com as ligações exasperadas entre o pai e os professores que não conseguiam controlá-lo.

Fraser continuou a desrespeitar as regras e foi expulso por colar nas provas finais. "Eu não precisava colar", me disse. "Tinha estudado e todos sabíamos que eu teria me dado bem pra caramba, mas só queria ver se conseguiria sair impune." Ele tinha levado uma vida rebelde e autodestrutiva e agora se via completamente sozinho. Sem conseguir ganhar o amor dos pais, havia construído uma identidade em torno da prática de se rebelar contra eles e contra todos os que vieram depois e tentaram domá-lo.

Fiquei embasbacada quando ele relatou aquela conversa antiga com a mãe.

“Você está quietinha”, ele disse com hesitação, os cantos de sua boca ainda sorrindo, mas com uma nova melancolia por trás deles.

Para Fraser, ver o impacto que sua história teve em outra pessoa foi seu primeiro passo para recuperar os sentimentos que havia abafado ao longo dos anos. Diante do choque que viu em meu rosto, voltou a vivenciar seu abandono através dos olhos de uma testemunha, e começou a entrar em contato com a raiva e a tristeza que tinha sepultado. Passamos muitas semanas trazendo aquele menininho imaginário ao trabalho que estávamos fazendo, abrindo espaço para sua tristeza e sua perda, permitindo que ele sentisse essas coisas em vez de se defender delas com resistência.

Em nossas sessões, Fraser foi aos poucos reaprendendo a sentir, a conviver com a dor que carregava e com as perdas que havia sofrido por conta de sua incapacidade de criar vínculos. Seu remorso por não ter filhos, paralisado pelo medo de que faria com eles o mesmo que seus pais haviam feito com ele, e as vezes em que, por reflexo, terminou relacionamentos com mulheres que ele amava quando elas o pressionavam a assumir um compromisso.

Na segurança do espaço da terapia e com uma nova permissão para sentir, Fraser começou a confrontar o que seus comportamentos de Resistente o haviam impedido de ter, o que poderia ter sido e o que realmente foi. Ele reconheceu as maneiras como usava rebeldia, desapego e autodestruição enquanto defesas contra o medo da rejeição ou da crueldade dos outros. Quando saiu da terapia, ele estava se preparando para uma visita longa à irmã na Nova Zelândia, entusiasmado com a perspectiva de renovar seu relacionamento e disposto a criar um vínculo.

COMO SUA "CRIANÇA" SE SENTE?

Se você se reconhece como um Resistente, alguém que quer acreditar que não se importa com o que as pessoas pensam, pode ser bom considerar contra quais sentimentos você se defende. Talvez, assim como Fraser, você conheça a sensação de ser rejeitado e se proteja da dor cobrindo-se de uma camada protetora de rebeldia e indiferença.

Fraser teve de esconder seus sentimentos quando era criança, mas trazê-los de volta à tona foi central para sua recuperação adulta. Trazer seus sentimentos para o nível da consciência pode ser importante para você também.

Imagine-se como uma criança. Pergunte a si mesmo: como você se sentia na época?

Veja se consegue deixar seus sentimentos infantis ressurgirem, mas tenha cuidado para desta vez não os descartar nem ignorar o que eles têm a dizer. Esses sentimentos merecem ser validados; são legítimos e existem por um bom motivo, mesmo quando você não sabe qual é. Descubra do que eles precisavam na época e se comprometa a ajudá-los a ter o que necessitam agora. Não deixe que seu Resistente convença você de que é melhor não dar bola. Você não vai precisar dessa resistência para se proteger, uma vez que agora sabe como se agradar.

SEGREDOS E MENTIRAS

Existe um terceiro tipo de relação nesse comportamento de agradar aos pais. Essas são as pessoas que agradam a partir da posição dupla de obediência e rebeldia: nem contentes em seguir as regras, nem dispostas a se rebelar. Na infância e na adolescência, esses eram aqueles que obedeciam em público mas se rebelavam em particular.

Aprenderam a esconder a verdade e a manipular os pais para conseguir o que queriam. Incapazes de pedir diretamente aquilo de que precisavam, aprenderam a agir de maneira furtiva e dúplice em sua estratégia de tapear as pessoas no poder, justificando que a mentira era sua única opção. A pressão dos outros adolescentes exacerbava a situação, uma vez que os impulsos de agradar aos pais eram somados às novas pressões de agradar aos colegas.

Como adultos — relutantes em ceder, mas com medo de se rebelar abertamente —, continuam a mentir para conseguir o que querem ou coagem os pais (e outras figuras de autoridade) a aceitar sua versão dos acontecimentos. São econômicos com os fatos, vendendo uma narrativa maquiada para as figuras de autoridade e causando uma algazarra de exageros e meias-verdades. Eles não fazem isso apenas com seus pais externos, mas podem começar a esconder a verdade de si mesmos e de seus próprios pais internalizados também, guardando segredos de sua consciência. Negam-se algo que *querem* fazer em virtude do que pensam que *deveriam* fazer, mas acabam fazendo mesmo assim, em silêncio, passivamente e de maneira rebelde. Esses filhos que agradam aos pais não foram ensinados que os erros são uma parte natural e aceitável do crescimento, que podem aprender com as consequências a fazer escolhas melhores com base em suas descobertas. Em vez disso, ignoram seus desejos e, para o mundo exterior, parecem um agradador Clássico, um Sombra ou um Pacificador, enquanto por dentro nutrem um Resistente secreto.

Todos conhecemos agradadores assim, porque eles agem dessa forma conosco também. Escalando-nos no papel de uma figura paterna crítica como a deles, não vão querer nos irritar, então dizem que vão se atrasar dez minutos quando na verdade é uma hora. Escondem um problema, mas criam um maior no processo. "Esquecem" que marcaram de nos encontrar quando na verdade marcaram duas coisas ao mesmo tempo outra vez. Pedem desculpas por nos decepcionar, mas não vão tomar atitudes para agir de maneira diferente da próxima vez. Se você é assim, agora é a hora de parar. Mentir para si mesmo e para os outros sobre quem você é não vai deixá-lo mais perto da sensação de liberdade e aceitação incondicional que você tanto deseja e você não vai descobrir se suas atitudes são benéficas ou não — o que é uma informação importantíssima. Pelo contrário, isso vem carregado de sentimentos extras de confusão e vergonha, que provavelmente já existiam de sobra na sua infância.

SORAYA

Soraya tentou atender às expectativas da mãe, mas sofria com seu sabotador interno.

Aos onze anos de idade, havia lido em uma revista feminina da mãe um artigo sobre uma dieta de contagem de calorias. Soraya sabia que era fisicamente maior do que as amigas, e com certeza maior do que as modelos e pop stars que enchiam as páginas de sua revista adolescente.

Listou os alimentos de baixas calorias que a revista sugeria e os acrescentou à lista de compras. Na semana seguinte, começou a preparar seu almoço de acordo com o plano de refeições que havia rasgado da revista. Sua mãe zombou do prato dela de torradinhas e queijo cottage: "Eu não conseguiria comer tudo isso e nem preciso estar nessa dieta!".

A mãe de Soraya era muito magra e, pensando agora, talvez sofresse com seu próprio transtorno alimentar. Mas Soraya não sabia disso na época e tudo o que ouviu foi a mensagem para comer menos e de que três torradinhas era gulodice demais.

O mal que os pais causam não costuma ser intencional. Na maioria das vezes, são as pequenas coisas, os comentários ao acaso ou o revirar de olhos que dizem a uma criança que o que ela está fazendo não é aceitável. Não duvido de que, se a mãe de Soraya ouvisse a fala de sua filha na terapia, teria se sentido devastada ao perceber o impacto que seu comentário sobre torradinhas havia causado. Soraya também se lembrava de outros comentários: a maneira como sua mãe a animava quando estava doente, dizendo que era "uma boa forma de perder alguns quilinhos", ou quando a levava para fazer compras como "recompensa" quando seu manequim diminuía um número e ela precisava de roupas novas. Além disso, ao fundo, havia todas as mensagens tácitas, como as garfadas de comida que sobravam no prato da mãe depois das refeições ou a expressão de repulsa que a mãe fazia quando via alguém com sobrepeso na televisão. Como a maioria das garotas de onze anos, Soraya queria ser igual à mãe, e começou a restringir ainda mais as calorias, passando a sentir prazer quando ouvia o ronco alto de seu estômago. Os quilos foram perdidos e ela foi diminuindo sua meta de peso, mais e mais — números redondos, arbitrários, completamente distantes de lógica ou ciência. Quando se exercitava, sua mãe a elogiava por "abrir o apetite" ou "merecer" as calorias naquele dia.

Por mais disciplinada que Soraya tentasse ser, era inevitável que chegasse a um limite e não aguentasse mais passar fome. Então, comia compulsivamente todas as comidas antes proibidas, gastando a mesada em barras de chocolate da loja da esquina e escondendo as embalagens embaixo da cama, até recuperar todo o peso que havia perdido. A comida se tornou inimiga e sempre que comia ela entrava em uma batalha interna contra suas vontades. Soraya se impunha regras cada vez mais severas, internalizando a voz da mãe e usando-a como arma contra si mesma. Quando as regras se tornavam insuportáveis, ela se sabotava em um ato de rebeldia, desobedecendo à mãe e à voz materna punitiva que havia internalizado, empanturrando-se dos alimentos proibidos e das porções duplas de vergonha que os acompanhavam.

O ciclo dominou Soraya ao longo dos seus vinte e poucos anos, quando seus métodos foram se tornando mais extremos. Exercício intenso, combinado a períodos de jejum para agradar ao código da mãe, seguidos por fases em que comia compulsivamente como uma Resistente que perdera a força de vontade. Pesava-se várias vezes ao dia e o que a balança dizia tinha o poder de transportá-la para um lugar de desespero ou euforia. Mentia para os amigos sobre seu comportamento e agia de maneira cortante e impaciente com o namorado quando ele a confrontava sobre suas mudanças de humor.

Depois de um tempo, veio à terapia — não por causa da alimentação, mas pela depressão. Foram muitas semanas até começarmos a tratar de sua relação com a comida e, mais importante, de sua relação com a mãe.

"Então, como você se sente agora que atingiu esse número?", perguntei sobre sua mais recente meta de peso.

"Feliz!", Soraya respondeu sem hesitação. "Como se eu finalmente fosse boa o suficiente."

O desejo de Soraya de agradar à mãe desencadeara um comportamento autodestrutivo sistemático que associava seu senso de valor a um número na balança.

Na realidade, Soraya *sempre* havia sido boa o suficiente. Depois de um tempo, passou a entender que tinha tentado agradar a uma mãe que ainda se prendia a mensagens extremas de autocontrole e disciplina, e que era assim desde pequena.

Exploramos como teria sido se a mãe dela tivesse reagido na época com uma mensagem de proteção e aceitação, se Soraya pudesse ter levado à mãe a dieta, com a página arrancada da revista, e ouvido a mãe dizer: "Não precisa seguir uma dieta, não precisa mudar, eu te amo do jeitinho que você é. Mas estou curiosa para saber o que a fez pensar que precisava ser diferente. Vamos conversar sobre isso?". Se ela tivesse agido dessa forma, Soraya imaginou que todos os seus medos sobre não ser tão boa quanto as colegas teriam se desfeito e sua vida teria seguido com mais compreensão e autoaceitação. No entanto, sua mãe havia perdido a oportunidade de ajudar a filha a entender seus sentimentos de inadequação. Talvez estivesse ocupada também se sentindo inadequada. A vida dentro da cabecinha de onze anos de Soraya era solitária, e sua crítica interior havia preenchido o silêncio.

PALAVRAS MÁGICAS

Essa frase de amor e aceitação que Soraya imaginou ouvir da mãe continha as palavras que poderiam tê-la levado a um caminho diferente. Se conseguirmos entender o que sempre quisemos ouvir de nossos pais, podemos entender o que precisamos ouvir de nós mesmos agora. Podemos começar um caminho novo e ser os pais de que nossa criança interior precisava.

Será que consegue se lembrar de um comentário que seus pais fizeram que machucou você ou o levou a um caminho de comportamentos pouco saudáveis? Isso afeta você até hoje? Pense na mensagem que precisava ter ouvido no lugar dessa, ou o que teria sido necessário para reparar o mal que aquilo fez.

Quais eram as palavras mágicas que você precisava ouvir de seus pais?

Talvez fossem palavras que dissessem que você era, sim, bom o bastante, ou que era amado e aceito como era, ou talvez fosse alguma outra reparação que poderia ter sido feita — talvez eles admitirem que haviam feito algo de errado ou que tinham agido daquela forma porque também estavam sofrendo. Talvez você nunca ouça essas palavras de seus pais. Eles podem nunca entender a importância delas ou podem não ter o que é necessário para lhe dar essas palavras. É doloroso aceitar que elas nunca virão da fonte original, muito menos na época em que realmente precisávamos delas.

Se conseguirmos aceitar esse fato, podemos deixar isso para trás e passar para o que pode ser positivo agora. Podemos parar de agradar aos nossos pais na esperança cega de que um dia

teremos feito o suficiente para ouvir as palavras
que queremos ouvir. Podemos parar de buscar
novos relacionamentos que tapam o buraco mas
não cicatrizam nossas feridas de verdade. Podemos
parar de nos ater àquelas condições antiquadas de
valor que faziam com que nos sentíssemos
insuficientes. Podemos parar de agradar aos outros
e começar a agradar a nós mesmos.

Assim como temos o poder de internalizar
uma voz parental negativa, podemos internalizar
uma voz positiva, que nos apoie com aquelas
palavras mágicas agora. Se achar que é necessário,
permita-se sentir raiva e tristeza pelo que gostaria
que tivesse acontecido. Depois que tiver passado
pelo luto, deixe essas coisas para trás. Agora
ofereça essas palavras mágicas para si mesmo,
sinceramente e sempre. Você é bom o bastante.
Sempre foi.

OUÇA O FUNDO DE VERDADE

Em todos esses casos, Luke, Fraser e Soraya fizeram o que acharam necessário quando eram crianças — seja para obedecer, desafiar ou esconder. Em cada caso, a criança agiu de acordo com a aprovação dos pais. Para nos agradarmos de maneira significativa como adultos, temos de assumir a responsabilidade de nos aprovar — uma responsabilidade que antes era dos pais a que buscávamos agradar no passado. Isso vem junto com a responsabilidade de também nos *desaprovar* quando necessário. Não significa nos enganar ou defender nosso mau comportamento, tampouco aproveitar que estamos livres da prisão de agradar os outros para fazer o que nos der na telha agora. Para nos autorregularmos, devemos ser honestos quanto ao impacto que temos sobre os outros, não para que voltemos a ficar paralisados em agradá-los ou desagradá-los, mas para ouvir o fundo de verdade no que os outros têm a dizer. É assim que desenvolvemos nosso compasso moral maduro, um que possa nos guiar para levar em consideração os outros *e* nós mesmos e nos ajudar a agir de maneira apropriada como adultos ao mesmo tempo respeitosos e que sabem se agradar.

Como adultos, podemos refletir de maneira adequada sobre os pontos de vista alheios antes de tomar decisões — sem ter que nos contentar com a filosofia leviana de não dar bola para o que as pessoas pensam ou de sentir um falso orgulho por não responder a ninguém. Agradar a si mesmo significa se importar o suficiente para ouvir a perspectiva dos outros, mas não o suficiente para abafarmos a nossa; o suficiente para encontrar um bom equilíbrio no momento, um equilíbrio que seja atual e adequado ao propósito. Pode haver algo de importante em uma mensagem de seus pais ou de alguma outra autoridade "parental", ou de sua própria consciência, que você pode ter deixado escapar se ainda estiver tentando fugir. É igualmente importante acolher suas próprias visões de mundo a fim de tirar proveito da sabedoria de suas experiências pessoais, o que você poderia desprezar se estivesse tentando ser sempre o "bom garoto". Faz sentido que a certa altura você passe a saber melhor do que os seus pais, pois todos superam os pais em algum momento.

LEVANDO TUDO EM CONTA, O QUE É MELHOR NESSE CASO?

Imagine um cenário em que lhe peçam para fazer algo; pode ser no trabalho ou em sua família. Sua resposta não pode vir apenas da cabeça — a voz de autoridade que lhe diz o que *deveria* fazer —; mas também não pode vir apenas do coração — a voz dos sentimentos que diz o que você deseja. Precisa vir dos dois. Quando estamos agradando a nós mesmos, estamos sempre nos perguntando: "Levando tudo em conta, o que é mais importante aqui, quais são minhas opiniões e qual é a atitude mais adequada?".

Pode não ser um resultado ideal, nem ser exatamente como você quer, mas pode ser a coisa certa a fazer nessas circunstâncias — e essa é a melhor atitude que você pode tomar. Aprender a tomar decisões equilibradas e apropriadas — isso é o fundamento de agradar a si mesmo. Se conseguir ser você mesmo e agir a partir de um ponto em que não é nem conformado nem rebelde, nem uma combinação encoberta das duas, você pode se sentir confiante de que a decisão virá de um lugar adulto e equilibrado. E se, levando tudo em conta, você decidir *não* vestir o casaco por uma razão adulta e adequada, é fato que isso pode não agradar aos seus pais (ou a quem quer que represente a autoridade agora). Você pode não se sentir compreendido ou aceito, pode até não se sentir amado. Não ser amado não é ameaçador, mas é desagradável. É menos desagradável quando você consegue se sentir confiante de que tomou a decisão certa pelos motivos certos. Há uma definição de disciplina da qual gosto muito: "disciplina é saber a diferença entre o que você quer agora e o que você mais quer". A disciplina costuma ter conotações de rigidez ou restrição, mas aqui gosto de pensar que ela está mais relacionada a uma filosofia de autocontrole, autorregulação e um meio de agradar a si mesmo de maneira profunda. Você pode, *sim*, ter exatamente o que quer agora, mas, se isso vier às custas de um relacionamento, talvez o que você *mais* queira seja encontrar um meio-termo. Do mesmo modo, você pode, *sim*, continuar a manter a paz no relacionamento se é o que quer nesse momento, mas talvez a dor do conflito valesse a pena se o que você *mais* quer é integridade. Seja honesto sobre o que você quer e leve em conta as consequências de suas opções para chegar mais perto do resultado "ideal".

SOBRE DESAGRADAR

Desagradar é libertador, tanto para nós mesmos como para quem está ao nosso redor. Quando os outros conseguem entender que nossa intenção ao ser "desagradável" não é desafiá-los ou dominá-los, nem uma rejeição ou um desrespeito, mas sim uma forma de ser autêntico, claro, disponível e responsável, podemos livrar nossos relacionamentos dos efeitos colaterais tóxicos de agradar demais aos outros. Porque, quando vivemos a vida segundo as opiniões de nossos pais, ou de qualquer outra pessoa que escalamos nessa posição de poder na vida adulta, cedemos nossa identidade como indivíduos. Se não for tratado, o adulto que busca agradar a todo o mundo acampa na vida dos outros, torna-se um cidadão apátrida, comprometido com as necessidades e os sentimentos dos outros, andando em torno das demandas deles sem a integridade necessária para se firmar.

Também é possível que sua tentativa de agradar aos seus pais atrapalhe a relação adulta entre vocês agora. Pode ser que eles *queiram* conhecer seu verdadeiro eu, para se sentirem livres da responsabilidade de cuidar de você como cuidavam quando você era criança. Talvez não tivessem noção dos sinais que estavam lhe passando e estivessem reagindo às visões inconscientes de mundo deles. Seus pais podem gostar de sua capacidade de tomar suas próprias decisões e assumir o controle. Quando você lhes apresenta partes de você que estavam escondidas, dá a eles permissão de fazer o mesmo. Agradar a si mesmo em vez de agradar a eles pode libertar todos vocês para criar uma autenticidade que firme o relacionamento de maneira mais profunda no futuro. Porque quanto mais você permite que eles vejam seu verdadeiro eu e quanto mais eles mostram o verdadeiro eu deles para você, maior é o potencial de um vínculo genuíno.

Quando resgatamos nossos sentimentos, assumimos a responsabilidade por nossos atos e aceitamos não ser amados, e assim podemos desenvolver relacionamentos mais gratificantes e autênticos em todas as áreas de nossa vida. No próximo capítulo, vamos ver como se agradar pode fazer de você um amigo melhor.

Agradar aos amigos

Levei anos para entender que não gostava de estar em grupos. Festas não me fazem bem e até grupos de WhatsApp me dão calafrios. Talvez isso tenha a ver com a minha linha de trabalho ou talvez seja porque meu núcleo familiar fosse pequeno e boa parte de nossa família estendida morasse em outro país; mas eu prefiro relações próximas, relações de um para um. Consigo contar nos dedos de uma mão as pessoas com quem realmente gosto de passar meu tempo, e meu círculo íntimo não varia muito. Acontece que minhas regras de amizade são bastante simples: ou eu faria de tudo por essa pessoa, ou não dou muita bola para ela. O que não significa dizer que não gosto de você se você estiver na segunda categoria; apenas não faço questão de ser sua amiga. Nos fins de semana, prefiro passar tempo com minha família a participar de situações sociais, talvez por meu compromisso com meus amigos ser fervoroso demais (há pouquíssimas pessoas por quem eu faria de tudo), talvez por eu já passar a semana criando vínculos com outras pessoas.

Felizmente, minha melhor amiga sabe disso e me aceita como sou. Ao contrário de mim, ela ama dar festas — mas pra mim o convite sempre vem com uma opção extra de confirmação de presença "P.S. Não se preocupa, não precisa vir!". Para nós, tempo de qualidade juntas são umas miniférias em que mal saímos do hotel, pedindo serviço de quarto e fazendo uma maratona de reality shows, enquanto relaxamos de roupão. Em certos momentos, alguém poderia pensar que brigamos, já que mesmo viajando juntas podemos passar boa parte do dia de forma independente uma da outra — ela vai à academia enquanto tomo banho, eu dou uma corrida enquanto ela olha os e-mails. Na realidade, é uma amizade plena, em que temos o direito de agradar a nós mesmas, o que é absolutamente inestimável.

Já me prejudiquei por tentar agradar aos amigos no passado. As regras da amizade nem sempre são claras e, ao contrário dos protocolos de relacionamentos românticos ou de um contrato empregatício, a amizade pode impor todas as pressões de representar determinado papel sem nenhuma estrutura ou segurança. Eu costumava tentar deixar as pessoas à vontade, fazer piadas para quebrar o silêncio ou dar conselhos quando alguém estava com problemas, mas, na verdade, nem sempre queria fazer isso e às vezes me colocava em posições em que não queria estar. As pessoas confundiam minha simpatia com amizade e a agradadora dentro de mim não queria desapontá-las.

AMIGOS NÃO SÃO FAMÍLIA

Ao contrário da família, podemos escolher nossos amigos. Em muitos sentidos, isso é bom: podemos escolher as amizades que queremos e decidir com quem passamos nosso tempo. No entanto, as amizades não vêm com garantias vitalícias; sua irmã sempre será sua irmã, mas você não pode dizer o mesmo de uma amiga. As amizades devem ser construídas e mantidas, e os agradadores têm o hábito de usar de artimanhas de agradar para obter uma sensação de segurança. Eles não costumam parar para se perguntar quanta manutenção é necessária ou quanto agrado é apropriado. E podem encontrar dificuldades quando os amigos vêm de contextos diferentes, com ideias diferentes de relacionamento e uma definição diferente do que é agradar.

As amizades, criadas a partir de uma interseção entre o que duas pessoas buscam, oferecem um bom ponto de encontro. Amizades distintas terão graus diversos de interseção, e podemos ter o amigo casual com que gostamos de ir à academia ou assistir ao futebol numa tarde de domingo. Ou, se tivermos sorte, pode ser o melhor amigo com quem compartilhamos nossos pensamentos e sentimentos mais íntimos e desfrutamos de uma relação longa de amor e apoio. Independentemente de ser pequena ou profunda, se essa interseção for mútua, está tudo bem.

Ao contrário da família, os amigos não precisam ser para sempre. A beleza da amizade é sua flexibilidade. Não é como a família, não é para a vida inteira, então não devemos sentir as mesmas pressões, certo? Se acharmos que nossa interseção diminui com o tempo ou nossos contextos mudam, ou se nossa amizade não é mais valorizada, podemos seguir em frente e fazer novos amigos.

Isto é, poderíamos, se nosso código de agradar aos outros não tivesse nos condicionado a entrar em pânico com a perspectiva do fim de qualquer relacionamento. Estamos tão acostumados a ignorar nossas próprias necessidades e a resolver os sentimentos dos outros que esquecemos que podemos encerrar amizades que não funcionam mais para nós, a fim de criar espaço para outras que funcionem. Estamos tão ocupados tentando fazer com que os outros gostem de nós que nos esquecemos de nos perguntar se *nós* gostamos *deles*.

AMIZADES SIMBIÓTICAS

Simbiótico e codependente são termos que ouvimos muito sobre relacionamentos de pessoas que buscam agradar. Na natureza, a simbiose é a interdependência mutuamente benéfica entre dois organismos. Na psicologia, significa depender de maneira pouco saudável de outra pessoa para que ela nos proporcione recursos vitais. Não a comida e o abrigo de que precisávamos como bebês, mas a estrutura emocional que podemos buscar na vida adulta quando não aprendemos a dar isso a nós mesmos.

SAMARA

Samara era amiga de Lucy desde a escola, mas se deu conta de que se esforçava muito por esse relacionamento e não recebia nada em troca.

Desde que se entendia por gente, Samara era o tipo de amiga que preenchia as lacunas e representava papéis coadjuvantes com os amigos. Lucy era uma amiga do Ensino Fundamental que a procurava em busca de conselhos e apoio, e Samara sempre teve o maior prazer em ajudar. Lucy dizia que Samara era como a irmã mais velha que nunca teve e Samara adorava se sentir importante para a amiga. Quando Lucy copiava seu corte de cabelo, sentia que era um elogio, e ficou honrada quando Lucy seguiu a mesma carreira que ela, de professora. Samara até ajudou Lucy a conseguir um emprego em sua escola e sentiu orgulho ao lhe apresentar o lugar.

Samara parecia uma agradadora Clássica. Gostava da sensação de apoiar Lucy. Gostava de compartilhar livros didáticos e planos de aula com ela, encontrando-a para tomar café e ler a última tarefa de Lucy, e de ser a primeira pessoa para quem Lucy ligava quando entrava em crise. "Sou um caso perdido", Lucy dizia. "Você é tão boa nisso" ou "Você é a única pessoa com quem posso conversar". Era uma sensação boa e Samara se sentia necessária.

Às vezes só vemos a verdadeira face dos relacionamentos quando eles se alteram. O namorado era outra pessoa a quem Samara tinha de agradar. Ela se esforçava muito para fazê-lo feliz, mas ele era ciumento e possessivo e, quando a acusou de ser infiel pela centésima vez, ela finalmente colocou um ponto-final. Ficou devastada quando Lucy ficou do lado dele na separação.

Há vinte anos ela investia nessa amizade e tinha presumido que poderia contar com o apoio de Lucy quando precisasse. Não era algo consciente, e ela não tinha se dado conta de que esperava a lealdade de Lucy em troca, mas, quando a amiga não ficou ao seu lado, sentiu-se traída e voltou a atenção para outros amigos.

Com o afastamento de Samara, Lucy foi se tornando cada vez mais defensiva até que, com o tempo, o relacionamento delas começou a parecer mais uma vínculo de rivalidade do que de amizade. Sem ter mais Samara como um recurso, Lucy botava defeitos no estilo de ensino de Samara, competia com ela como mãe ou a envergonhava na frente dos amigos em comum. Quando as coisas davam errado para Samara, Lucy parecia explorar a situação em benefício próprio, e Samara se sentiu magoada e confusa pela competitividade sem fim. “Eu não entendo!”, Samara me dizia, exasperada. “Parece que ela quer ser melhor do que eu em tudo!”

O FILME DE NOSSA VIDA

Para ajudar Samara a entender o que estava acontecendo, pedi que imaginasse sua vida como um filme, para notar enredos e personagens recorrentes, e identificar resultados que pareciam inevitáveis.

Todos somos a estrela no filme de nossa vida, o filme que segue um roteiro que nos parece familiar e nos proporciona as cenas finais que sempre esperamos. Os amigos que encontramos representam um papel no nosso filme por um tempo, e nós representamos um papel no filme deles. Às vezes, isso pode ser produtivo. Encontramos alguém que nos oferece algo de que precisamos e podemos levar esse presente conosco, quer essa pessoa se torne uma amiga para a vida toda, quer esteja apenas de passagem.

Se não tomar consciência de seus padrões de comportamento, o agradador sempre terá uma vaga em seu elenco para alguém a quem agradar. A pessoa estará pronta para receber e, sem se dar conta, os dois vão representar padrões antigos de comportamento. Nesse caso, a interação é prejudicial, e não benéfica — reforça um padrão antigo e pouco saudável de como esperamos nos relacionar com os outros e como esperamos que eles se relacionem conosco.

Quando Samara trouxe seus sentimentos para uma sessão de terapia, conseguimos destrinchar seu relacionamento complicado com Lucy e procurar o filme que vinha passando. Samara se deu conta de que elas estavam numa amizade simbiótica por anos, até ela romper seu lado do acordo, e agora estava sendo punida.

"Ela tem que ser a melhor mãe ou a professora mais querida... se não consegue, se esforça ao máximo e é a maior vítima. Se tenho problemas, parece que ela se diverte com isso. Pensei que éramos amigas, mas ela quase sempre age de uma forma que parece que nem gosta de mim. Não consigo vencer."

"Não consigo vencer": essa ideia não era nova para Samara. Começamos a considerar de onde mais Samara reconhecia esse sentimento, onde ela também seguia o roteiro de ser sempre a pessoa que perdia. Para entender os motivos no presente, tínhamos de olhar para o filme de sua infância e entender que papel ela representara no passado e o que esperava de seu elenco de apoio.

Samara tinha irmãs caçulas de quem havia cuidado. Tinha feito isso de boa vontade e gostava dos elogios e da gratidão que recebia da mãe por ser "tão madura e boazinha". Era o que a destacava — sua capacidade de cuidar dos outros — e, inconscientemente, ela havia crescido com padrões de comportamento de uma Sombra: buscar pessoas que representassem o papel do "outro carente" em sua vida adulta. Na infância ela não havia parado para analisar a dinâmica de sua família, mas, pensando agora, conseguia enxergar que nunca se sentiu importante por ser quem era — o que a tornava admirável era seu altruísmo e sua generosidade. Para agradar à mãe, ela priorizava as necessidades das irmãs. Desinflava seu ego para inflar o delas e para deixar sua mãe feliz. A Sombra dentro dela se sentia bem quando impulsionava os outros.

Lucy não estava na sala de terapia conosco para compartilhar sua visão dos fatos, mas, conhecendo-a por tanto tempo, Samara conseguia relatar parte da história dela. Lucy crescera com um pai que quase nunca estava em casa e uma mãe que vivia distraída. Teve de buscar seu caminho sozinha e sentia raiva porque seus pais não a guiaram nem cuidaram dela como deveriam. Quando Samara agiu como uma "mãe" para Lucy, desde a escola, representou o papel de alguém que cuidaria de Lucy e agiria como um modelo, como a mãe deveria ter sido. No entanto, Samara deixou que Lucy fosse mais uma irmãzinha exigente de quem se sentia obrigada a cuidar.

As amizades simbióticas podem coexistir de maneira aparentemente tranquila, até a vida mudar e os papéis que representamos não serem mais complementares. O que funcionava antes de termos filhos não funciona mais, o que era fácil quando trabalhávamos juntos não é mais fácil agora, ou o que parecia natural quando morávamos perto não se encaixa mais em nossa vida hoje. No caso de Samara, uma amizade que dava certo quando ela não tinha necessidades emocionais próprias e estava disposta a fazer todo o esforço parou de "funcionar" quando ela começou a se priorizar. Quando uma parte corta o fornecimento original, ou muda os termos da relação, os sentimentos originais de abandono da outra são disparados e ela pode revidar. Embora a raiva dessa outra esteja relacionada ao passado, como no caso de Lucy, ela pode agir contra a pessoa que escalou para esse papel agora.

CUIDADO COM O DRAMA

Talvez no exemplo de um amigo que sempre queira ver você, pode ser lisonjeador ter a atenção dele por um tempo, de uma forma que não acontecia quando você era criança.

Ou talvez você sinta o impulso de atender às necessidades de um amigo exigente na esperança de ser finalmente valorizado. É aí que o drama começa e que, sem perceber, recriamos a mesma dinâmica com que estávamos acostumados na infância, sempre com a esperança secreta de que, desta vez, o resultado possa ser diferente. Cada amigo tem seus motivos para estar nessa relação, buscando a reafirmação do outro de um modo que seja significativo para ele e resolva uma necessidade não atendida antes. Mas, por conta do modo inconsciente como entramos nessas amizades, há mais chance de replicarmos a dinâmica familiar negativa do passado do que criarmos a nova experiência benéfica que poderíamos ter desejado. Quando repetimos nossos padrões de comportamento inconsciente, fazemos o que sempre fizemos e recebemos o que sempre recebemos.

Para aqueles que estão sempre buscando agradar — que muito provavelmente têm entre seus amigos pessoas com grande necessidade de conforto emocional ou atenção —, o contragolpe pode ser doloroso. O que sentimos no presente não é apenas dor; suas raízes estarão em uma dor que já sentimos antes. Quando os humanos se juntam para formar qualquer grupo, seja uma amizade, um clube esportivo ou uma equipe de trabalho, primeiro recriamos uma imagem de nosso primeiro grupo — nossa família de origem. Não é uma decisão consciente, mas usamos isso para descobrir que papel cada um de nós vai interpretar e como vamos interagir. É uma ferramenta inteligente da evolução humana: prever nossos amigos e inimigos e nos ajustar de acordo com isso. Claro, quando descobrimos quem uma pessoa é para nós — se, por exemplo, ela nos lembra nossa irmã ou nosso pai —, podemos também nutrir uma esperança inconsciente de que ela possa, no fundo, ser uma boa irmã ou um bom pai, ou seja, a pessoa que preencha o que faltava em nossa relação original. Que corrija os erros originais.

Você pode saber algo do filme do outro ou não. Seja como for, é importante lembrar que, em amizades disfuncionais, você não é você de verdade. Você foi escalado por esse amigo no papel de outra pessoa: um herói enviado para salvá-lo ou um vilão do passado dele. Você não pode assumir a responsabilidade pelo drama no qual ele está dando replay, mas pode mudar o modo como representa seu papel quando entende o replay que isso pode gerar para você.

PASSE OS TRAILERS

Mesmo que não saiba muito sobre o filme da vida do outro, você pode ter certeza de que ele tem um.

Pense numa amizade que você acha desafiadora e pare um momento para imaginar o trailer da vida dessa pessoa. Como deve ser o enredo?

Talvez você consiga reconhecer os personagens e as tramas da vida dela. Veja se consegue notar se está apenas representando um papel na cena dela, no cenário dela, e se permita se afastar caso não seja um relacionamento saudável, de respeito mútuo. Foque nos relacionamentos em que se sente acolhido como o amigo que você quer ser, e deixe de lado os que escalam você para um papel que você não quer representar.

Esteja disposto a reconhecer sua responsabilidade e passe o trailer de seu próprio filme.

Veja se consegue notar qual é seu histórico recorrente em termos de amizade. Que papel costuma representar? Você é o herói que salva a pátria ou é alguém que os outros têm de resgatar? Note o papel que você escolheu para os amigos antes e se pergunte quem eles são para você. Quem eles representam? Pode ser um de seus pais ou irmãos, um amigo do passado ou alguém com quem você gostaria de se parecer.

Samara poderia ter falado para Lucy que se sentiu traída. Talvez, se tivesse feito isso, elas poderiam ter reequilibrado sua relação, ou talvez na verdade Lucy nunca quisesse ter tido um relacionamento igualitário com Samara; talvez só quisesse um relacionamento em que Samara atendesse às suas necessidades infantis e não pedisse nada em troca. Lucy provavelmente não seria a amiga certa para Samara agora que Samara tinha começado a agradar a si mesma — e, às vezes, temos de desistir de pessoas, não porque *nós* não nos importamos com elas, mas porque *elas* não se importam conosco. Quando os amigos tratam você como se não lhe dessem bola, acredite neles. Siga em frente. Você não vai estar perdendo um amigo se perceber que, no fundo, ele nunca foi seu amigo de verdade.

TERMINAR AMIZADES

É preciso coragem para acabar uma amizade, mas o fato de ela chegar ao fim ou causar um conflito irreconciliável não significa fracasso. Não há mal nenhum em seguir em frente e se permitir superar uma amizade — o que é algo que não se pode fazer tão facilmente com a família. Algumas das amizades mais difíceis de atualizar são aquelas criadas no começo da vida, em um tempo em que era mais fácil abrir espaço. As amizades formadas antes da introdução de relacionamentos românticos, trabalho e filhos devem ou ser atualizadas, ou acabar em algum momento. Não é saudável nem apropriado nos prendermos a contratos antiquados e continuarmos a nos relacionar como fazíamos quando tínhamos tempo e recursos para manter diversas amizades e superlotar nossa agenda. Não é coincidência que tendamos a fazer nossas escolhas de relacionamentos permanentes na vida adulta, quando temos a noção mais clara de quem somos e do que deve continuar sendo importante para nós no futuro. Um passado em comum numa amizade vai só até certo ponto; é preciso haver interseção no presente também.

Isso não quer dizer que seja fácil terminar. Amigos podem esperar mais de nós do que podemos oferecer. Quando mudamos nossa posição e atualizamos nosso papel, eles podem se sentir rejeitados, como aconteceu com Lucy. Talvez fosse exatamente esse o resultado que temiam, se esse era o filme que estavam reencenando. É possível que soframos retaliação. Quando os amigos fazem truques baratos para nos envergonhar e fazer com que voltemos a agir em função deles, podemos reconhecer isso como a "reviravolta" em que tudo pode acontecer. O ponto de virada no filme, em que podemos voltar a entrar no personagem e representar nosso papel — para adiar um corte inevitável e obter um resultado infeliz mas previsível. Ou podemos permitir que essa reviravolta revele que estávamos reencenando um drama antigo e usar isso para mudar. Pode ser que eles fiquem com uma vaga aberta no elenco, mas tudo bem. Pode ser que esse acontecimento lance uma luz sobre a verdadeira fonte de infelicidade deles — insatisfação no relacionamento, frustração em seu papel como pai ou mãe, tédio no trabalho —, seja qual for o papel que estávamos representando e a lacuna que estávamos preenchendo. Se eles quiserem mais de nós do que queremos deles, ou se decidirmos não continuar com a codependência, não há mal nenhum nisso. Se uma amizade não nos permite sermos nós mesmos ou não nos ajuda a crescer, nunca foi uma amizade de verdade.

LEE

Lee não veio à terapia para falar sobre os amigos, mas eles se tornaram parte do panorama das pressões que sentia para agradar a todo o mundo.

Fazia quinze anos que tentava continuar amigo dos colegas da universidade. Antes de todos terem a própria família era fácil se reunir, e depois houve a série de despedidas de solteiro e casamentos para manter todos em contato. Os laços começaram a se romper quando a vida real entrou no meio: havia filhos e trabalhos e responsabilidades que significavam que eles não podiam simplesmente colocar as bicicletas no porta-malas e se encontrar em algum lugar para passar o dia. Os fins de semana juntos foram se tornando mais raros e as tentativas de se reunir com esposas e filhos normalmente davam mais trabalho do que valiam a pena.

Um a um, eles foram se afastando e fazendo novas amizades com outros pais de família ou pessoas que moravam perto deles agora. Lee não via mal nenhum nisso, mas, para um deles, isso deixou um buraco enorme. Jez sempre achou que os amigos vinham em primeiro lugar; era o que ele havia feito pelo menos, e estava sempre tendo ideias novas de coisas a fazer ou sugerindo noitadas. Quando Lee recusava um convite para tomar cerveja, Jez pegava no seu pé.

"Não entendo", Lee me disse. "Pensei que éramos amigos, mas agora ele vive fazendo eu me sentir mal. Fala que os amigos têm que ser prioridade se respondo que fiz planos com minha namorada. Ou fica irritado e pergunta se cortaram minhas bolas fora quando estou fazendo algo com os pais dela."

Lee era um agradador Clássico e queria ver todo o mundo feliz. Tentava achar um meio-termo, encontrar Jez para uma cerveja rápida depois do trabalho e sair a tempo de ler uma historinha para os filhos dormirem. Com o tempo, foi se cansando e percebeu que vivia sendo criticado por Jez pelas escolhas que fazia. "Quando foi que você ficou tão chato?", Jez zombava quando Lee se levantava depois do segundo chope.

Lee passou a notar que Jez era o eterno solteirão do grupo, aquele que sempre queria sair mas nunca sossegava com alguém. Dava a impressão de que estava na melhor posição, mas Lee começou a se questionar se não havia algo mais nessa história.

"Quer saber? Acho que Jez tem ciúme", ele me disse. "Acho que ele quer o que nós temos, uma casa legal e uma companheira esperando a gente em casa e filhos e todo o lance da família. Acho que é por isso que tenta fazer todos voltarmos a ser como éramos antes. Ele não consegue ter isso, então também não quer que a gente tenha."

Lee sabia que Jez nunca admitiria, mas isso o ajudou a entender a pressão toda. Também tornou mais fácil parar de tentar agradá-lo, sabendo que só o próprio Jez poderia fazer as mudanças que o deixariam feliz. Não podemos nos importar com o fato de que outra pessoa não gosta de nós se nem de si mesma ela gosta. Lee não tinha que abrir mão de outras noites com os filhos para ajudar Jez a continuar preso no mesmo lugar.

CIÚME EM AMIZADES

Ciúme e inveja são comuns em amizades. Ciúme é o sentimento que temos quando ficamos com medo de que algo seja tirado de nós, então nos apegamos àquilo com firmeza, o protegemos e muitas vezes ficamos sufocados nesse processo. Um amigo ciumento se comporta de maneira possessiva ou sempre quer mais do seu tempo e da sua atenção, talvez até de maneira exclusiva. A inveja é uma característica um tanto diferente, mas também presente em amizades disfuncionais. Se você tem algo que outra pessoa quer, ela pode invejar você. Você vai saber que se trata de inveja porque ela vai tentar destruir o que você tem: suas outras amizades, seu sucesso ou sua autoestima. Você não tem como agradar a alguém que inveja você, e é importante que imponha limites para se proteger. Pode-se ter compaixão pelo desejo dessa pessoa de ter o que você tem, mas não se pode abrir mão do que é seu para que ela se sinta melhor.

Lucy invejava o sucesso de Samara e não conseguia ficar feliz por ela, sentindo prazer quando a amiga passava por dificuldades. Lee não podia ceder o que tinha para preencher um buraco de Jez, e não teria sido um "bom" amigo se tivesse feito isso. Pacificar Jez não resolveria o problema que ele tinha de enfrentar: a falta de um relacionamento íntimo.

AGRADADORES INVEJOSOS

Pare um pouco para considerar se o ciúme e a inveja fazem parte de suas amizades.

Você já sentiu impulso de proteger suas amizades ou tem "amigos" que mais parecem rivais?

Talvez você tenha um amigo que reconheça como invejoso ou ciumento. Lembre-se: a reação dele a você é mais um reflexo da relação dele consigo mesmo do que uma opinião sobre você.

E se for você quem sente ciúme ou inveja de seus amigos? A má notícia é que isso diz mais sobre você do que sobre eles.

Amigos que sentem inveja ou ciúme normalmente são pessoas que buscam sempre agradar aos outros e ainda não aprenderam a agradar a si mesmas. Se conseguirmos deixar de lado a ideia de que afeto e atenção só podem ser recebidos de outra pessoa, podemos nos libertar da necessidade de viver à base das migalhas de apreço que nos são lançadas. Frágeis e inconstantes, essas ofertas de amizade também podem ser valorizadas e aproveitadas pelo que são, quando temos os recursos e a permissão de agradar a nós mesmos. Não precisamos sentir inveja

quando temos o suficiente ao nosso redor,
e dar afeto e atenção a nós mesmos nos torna
mais capazes de recebê-los dos outros.

SALLY

A autoestima de Sally dependia de sua amizade com Preeti — até ela se dar conta de que o sentimento não era recíproco.

Sally se lembrava da dinâmica de seus grupos de amigos na escola. Entre as meninas, era pior: havia regras rígidas de amizade — que posição cada uma ocupava, quem era oficialmente sua melhor amiga e para quem você guardava lugar no ônibus. "Acho que era para que todas soubéssemos nosso lugar, mas eu nunca soube de verdade. Morria de medo de chegar ao parquinho de manhã e os grupos terem mudado da noite para o dia, como uma imensa dança das cadeiras na qual eu fosse a última em pé. Se minha melhor amiga faltava porque estava doente, eu passava o dia todo me sentindo completamente perdida." Ela conseguia rir do drama da política adolescente também. "Lembro que, quando a gente tinha onze anos, uma das meninas descobriu que outra tinha começado a menstruar, mas não tinha contado para ela. A amiga tomou isso como uma facada nas costas e ficou o resto do semestre sem falar com ela!" Estávamos falando dos tempos de escola e de amizades porque Sally tinha acabado de passar pela experiência dolorosa de "levar um fora" de uma amiga. Pelo menos era dessa forma que ela havia se sentido.

Quando Preeti se mudou para a casa ao lado, Sally pensou que era obra do destino. As duas estavam grávidas de meninos e passavam muito tempo sozinhas, com maridos que viajavam a trabalho. Quando os bebês nasceram, uma vivia na casa da outra, e, conforme os meninos foram crescendo, elas organizavam fins de semana na praia e acampamentos com os maridos. Quando os maridos estavam fora, depois que colocavam os filhos para dormir passavam as noites de verão na cerca entre as casas, fumando, tomando vinho rosé e jogando conversa fora.

Quando Preeti contou que ia se mudar, Sally ficou devastada. Enquanto a ajudava a encaixotar as coisas, prometeram se reencontrar assim que Preeti se instalasse na casa nova. O tempo passou e não havia nenhuma data na agenda. As respostas às mensagens de Sally foram ficando mais esparsas e Preeti dava desculpas quando Sally a convidava para trazer os filhos para tomar chá.

Quando Sally viu Preeti na cidade algumas semanas depois, ela estava em um novo grupo de mães empurrando carrinhos de bebê. Sally acenou e correu para dar oi, mas foi tratada com frieza e, depois de alguns minutos de conversa-fiada elas se despediram, com mais promessas vazias de um encontro para botar o papo em dia quando a vida não estivesse tão agitada.

Ao relembrar tudo isso, Sally conseguia ver que não tinha sido tão importante para Preeti como Preeti havia sido para ela. Fora substituída rapidamente por amigas novas, outras vizinhas de porta que estavam livres para tomar vinho no quintal e que apareciam com uma caixa de leite quando o dela acabasse. Quando Sally era criança, havia passado por uma situação parecida; depois que seus pais se separaram, ela quase nunca via o pai. Passava as férias de verão com ele quando estava mais velha, mas ele já tinha outros filhos a essa altura e ela sempre se sentia como um peixe fora d'água. Sabia que às vezes era pegajosa em suas amizades, mas isso era porque sempre achava que havia alguém esperando no banco de reservas, prestes a substituí-la. Como uma Sombra, ela se esforçara para agradar às pessoas que admirava, a ponto de assustá-las, ou sentia uma raiva de Resistente quando o sentimento não era recíproco.

Sally conseguiu perceber que havia escalado Preeti no papel de "melhor amiga" quando talvez elas não fossem exatamente isso, e decidiu ser mais sincera consigo mesma nas amizades futuras. Mas era um trabalho difícil, e não conseguiu resistir ao impulso de aparecer com uma garrafa de vinho quando viu o caminhão de mudanças chegar com a futura vizinha. Ela riu enquanto me contava: "Bom, pelo menos agora consigo ver o que estou fazendo; já é uma evolução!".

MELHORES AMIGAS PARA SEMPRE

Pense em suas amizades, de agora e do passado, e note as que funcionam bem e as que parecem mais complicadas.

O que você quer de seus amigos?

Está buscando lealdade, fidelidade e para sempre, como Sally?

Em caso positivo, pergunte-se o que você está disposto a fazer para atingir isso e se é isso que o *outro quer*? Você está disposto a dedicar o esforço genuíno de apego ou tem esperança de simplesmente ir agradando até entrar na vida das pessoas?

Sua ideia de amizade pode ser de parceiros do crime em noitadas malucas ou de um fluxo constante de conversas no WhatsApp, ao passo que a ideia deles pode ser um aceno e um sorriso no parquinho da escola ou um café uma vez por mês.

Ou talvez seja você quem prefira uma amizade mais leve e esteja apenas buscando alguém para compartilhar um hobby. Não quer se comprometer a ser o confidente nem o conselheiro de confiança de ninguém.

Saiba que você tem o direito de querer das amizades o que achar melhor, mas tenha consciência de que não existem regras rígidas para defender seu ponto de vista, apenas opiniões subjetivas que você trouxe do passado. Você não tem de fazer as coisas do jeito dos outros, mas eles também não têm de fazer as coisas do seu jeito.

Talvez um "bom" amigo seja aquele cujo investimento se iguale ao que estamos dispostos a dedicar e que queira o mesmo que nós dessa amizade. Se ele não quiser, não significa que é um "mau" amigo, mas pode significar que não é o amigo certo para você. Do mesmo modo, não deixe as pessoas compararem você ao amigo que elas querem. Se estiverem comparando você com uma vaga de emprego que criaram na cabeça delas, não cabe a você atender a esses critérios rígidos. Não dá para ter uma relação saudável com uma pessoa que está sempre julgando esse vínculo conforme o que ela pensa ser uma amizade *melhor*, e não é sua responsabilidade atender a todas as necessidades de amizade dos outros. Seja valente nas amizades, seja você mesmo e seja o amigo que você quer ser; afinal, é melhor ser criticado por quem você é do que por quem você não é.

Quando descobrimos que não existe um encaixe em nossas amizades, podemos passar para a próxima, se nos permitirmos. O outro não é um traidor se não sente por você o mesmo que você sente por ele. Talvez o contexto dele seja diferente ou, talvez, ele espere menos das amizades. Isso não causa má impressão sobre você e você pode tentar de novo com outra pessoa que preencha melhor os requisitos. As vagas em nosso elenco variam, assim como nossa disponibilidade. Se conseguirmos aceitar a fluidez das amizades, podemos nos libertar de levar para o lado pessoal quando as coisas inevitavelmente mudarem. Pode ser que haja uma interseção no estilo de vida de vocês por um tempo ou que seus filhos se deem bem agora, mas isso não tem que durar para sempre. Pode ser que você goste da alegria inicial da lua de mel e amizade quando vocês são apresentados por um amigo em comum, mas o vínculo de uma noite não precisa se traduzir em mais uma amizade ativa para ser mantida com zelo. Para criar uma amizade profunda, é preciso que exista uma vaga em seu elenco. Se não houver necessidade de mais um amigo agora, nem como acolhê-lo neste momento, não há problema em sorrir e se despedir ao fim da noite. Você pode ser amigável sem ser um amigo.

Haverá amigos que transcendem contextos e continuam importantes, apesar das barreiras do tempo e da distância. Amizades em que você não tem de se esforçar muito para agradar ou em que os dois podem agradar a si mesmos. Algumas das melhores amizades que temos são as que exigem pouquíssimo esforço, aquelas que existem há décadas mesmo pelo telefone ou que continuam exatamente de onde pararam sempre que a pessoa passa pela cidade.

Agradar-se não precisa ser uma questão de escolher entre si e o outro — ou eles estão felizes e você não, ou você está feliz e eles não. Em boas amizades, a felicidade dos dois importa.

Bons relacionamentos românticos também são construídos com base nesses valores de aceitação e respeito mútuo, mas, quando começamos a nos sentir inseguros, nosso comportamento de agradar aos outros pode atrapalhar a criação das relações íntimas que buscamos.

Agradar em relacionamentos

Normalmente, o que causa problemas nos relacionamentos não é o dito, mas o *não* dito.

KARINA E ERIC

Karina e Eric acharam que o casamento tinha acabado quando veio à tona que Eric estava tendo um caso. No entanto, já fazia um bom tempo que o relacionamento deles estava se desfazendo e a ruptura criou uma oportunidade para finalmente falarem a verdade um para o outro.

Eles eram um casal "bem-sucedido", vivendo o sonho de uma casa linda, com duas filhas gêmeas e uma vida social agitada. O trabalho de Eric na cidade dava dinheiro suficiente para Karina não trabalhar, então ela deixou sua carreira em recursos humanos para cuidar da família; passava os dias entre levar os filhos à escola e o cachorro para passear. Quando descobriu que Eric estava tendo um caso, ficou em choque ao deparar com uma vida da qual ela não sabia nada e um marido que mal conhecia.

Quando chegaram ao meu consultório, Eric estava com o rabinho entre as pernas, sentou-se no canto mais distante da sala. Ele explicou que tinham vindo à terapia para que Karina pudesse tomar uma decisão sobre o futuro deles. Como um cachorro levando uma bronca, ficou com a cabeça baixa enquanto ela descarregava sua fúria em cima dele.

Não era simples como se Eric fosse o criminoso e Karina a parte ofendida. Nunca é. Em situações como a deles, o tempo da terapia dedicado ao acontecimento catastrófico em si costuma ser pouco. Crises num relacionamento, sejam por uma traição, jogos de azar ou alcoolismo, são como uma reviravolta inevitável — o ponto em que notamos o que vem acontecendo por trás dos panos e temos oportunidade de olhar para isso com mais atenção.

DEIXE A VERDADE LIBERTAR VOCÊ

Ao longo das semanas seguintes, houve um desabafo doloroso de ambos os lados sobre as atitudes que haviam precipitado essa crise no casamento. O trabalho de Eric era estressante e fazia anos que ele sentia que seu único propósito na vida era ser o provedor e o "pai malvado" nos fins de semana, enquanto via Karina marcar cafés com as amigas e desenvolver relações próximas com os filhos, parecendo indiferente ao que havia por trás do salário dele. Enquanto isso, fazia anos que Karina vinha nutrindo um ressentimento pela perda da carreira e de sua identidade, envolta por fraldas sujas e pela banalidade de mães de família e dos amiguinhos das crianças, enquanto via Eric sair para jantar com clientes que o adoravam e receber prêmios por suas conquistas profissionais.

A traição de Eric foi indesculpável, mas também foi compreensível e, de uma forma estranha, os dois precisavam que isso acontecesse para que as coisas mudassem. Como costuma ser o caso, foi preciso uma crise para levar os dois a falar o que haviam calado por tanto tempo. Nas primeiras sessões, Karina estava enfurecida enquanto descrevia a infidelidade de Eric. Ao fim de nosso tempo juntos, ela via a questão em termos mais práticos: "Acho que a traição deve ter sido o veículo que nos fez bater de frente, mas a colisão ia acontecer mais cedo ou mais tarde".

Os dois eram prisioneiros de seus comportamentos distintos de agradar ao outro. Eric era um Resistente. Havia crescido em uma família rígida e patriarcal: buscava atender às incessantes expectativas e nunca se sentia bom o suficiente. Em resposta, desenvolvera uma persona de assumir riscos e se vangloriar. Karina era uma Pacificadora: criada numa família em que todos tinham sucesso, ela era obediente, dócil e nunca era reconhecida, por mais notas máximas que tirasse.

A princípio, eles representaram uma salvação um para o outro. Eric conseguia ser brincalhão e apaixonado, seduzindo Karina com seu charme e fazendo-a se sentir de uma forma como ela não sentia antes. Para Eric, Karina era um porto na tempestade, um lugar onde ele podia se sentir seguro e contido, pela primeira vez na vida. Eles tinham o potencial de unir suas diferenças e usá-las para apoiar um ao outro a crescer nos espaços emocionais que antes lhes haviam sido negados. Em vez disso, aconteceu o oposto: a vida seguiu em frente e, com ela, vieram os estresses de filhos pequenos e trabalho e família. Em vez de se aproximarem, eles se afastaram, retraindo-se nas posturas originais de Resistente e Pacificadora e incapazes de se comunicar de maneira honesta um com o outro. Karina não criava problemas e Eric não andava na linha.

OS OPOSTOS SE ATRAEM

Aquilo que inicialmente atrai costuma ser também o que separa.

Essa peça que falta em seu quebra-cabeça e que é representada por outra pessoa vai atrair vocês dois no começo. Pode ser a espontaneidade de seu espírito livre, sua confiança ou sua estabilidade.

A peça que falta no quebra-cabeça de quem busca agradar costuma ser a capacidade de agradar a si mesmo, e essa pessoa pode se sentir atraída por quem pareça ter essa característica. Se na infância você era rigidamente controlado, pode se sentir atraído pela pessoa que se permite relaxar. Se não teve quem lhe ensinasse a importância de limites, pode se sentir atraído por alguém que consegue ser assertivo para atingir seus objetivos. Se lhe ensinaram a cuidar dos outros, pode se sentir atraído por alguém que sabe cuidar de si mesmo. Quando você se apoia nessas diferenças, pode aprender com o outro e preencher algumas das lacunas da sua infância, aprendendo novas estratégias para atualizar seus comportamentos de agradar ou desagradar. Você pode desenvolver sua capacidade de atender melhor às suas necessidades, e em troca oferecer ao seu parceiro maneiras novas de atender às dele. Vocês dois se tornam mais capazes de se agradar e criam uma parceria bem-sucedida de intimidade, trabalho em equipe e generosidade. Ambos saem ganhando.

Às vezes, você não consegue ou não quer se apoiar nessas coisas e, nesse caso, as qualidades que a princípio lhe atraíram começam a afastar você. Se, assim como Karina, você não consegue relaxar em seu condicionamento de agradar aos outros, para mudar você pode começar a sentir raiva daqueles que conseguem. Se você não nota que a maneira como faz as coisas é resultado de seu próprio condicionamento — e não necessariamente o jeito certo ou o que a moral determina —, talvez nem perceba que você tem lacunas a preencher.

QUANDO OS OPOSTOS COMEÇAM A SE AFASTAR

Karina e Eric estavam juntos por um motivo, e ambos tinham uma peça que faltava ao quebra-cabeça do outro. Eric se expressou bem ao dizer: "Tudo o que no começo a gente amava um no outro ainda estava lá, só que enterrado sob as merdas todas da vida". Karina trouxera estabilidade à vida de Eric, mas, sob pressão, ele tentou resistir às restrições. Eric trouxera a Karina a permissão de buscar mais prazeres, mas ela não se permitia relaxar.

Tendemos a recair em velhos hábitos quando nos sentimos soterrados sob as merdas da vida. A peça faltante que alguém simbolizava começa a parecer uma intrusão indesejada quando estamos seguindo nossa programação original. O que era confiança começa a parecer ego, e a espontaneidade se torna incapacidade de comprometimento. A pessoa não é mais relaxada, é preguiçosa. Não é mais engraçada, simplesmente grosseira. A capacidade dela de agradar ameaça as regras que você adotou na infância e, embora uma parte sua deseje atualizar essas regras, o condicionamento vence. Os agradadores podem se sentir atraídos por pessoas que agradam a si mesmas, mas enfrentam dificuldades para abandonar o hábito de agradar por tempo suficiente para receber a permissão que elas representam.

Claro, talvez às vezes essas pessoas se comportem de uma forma que parece egoísta. Afinal, elas também tinham suas razões para serem atraídas por um agradador — talvez fosse a empatia ou a paciência —, e então essa se torna a tarefa a ser negociada no relacionamento. Vocês dois têm algo com que contribuir, mas, se não iniciarem nenhuma discussão por medo de criar conflito, ou se você achar que a mudança é impossível, um dos dois, ou ambos, não terá escolha a não ser recair nas posições originais e reforçar seus pontos de vista originais, por mais limitados que sejam. Um Pacificador defenderá velhos hábitos de agradar a todo o mundo como a única opção, se a alternativa for vista como desprezo gratuito pelos outros. Um Resistente pode reafirmar sua apatia e empacar, caso se sinta forçado a obedecer. É aqui que os ecos de relações mal resolvidas entre pais e filhos podem se reproduzir em relacionamentos adultos, com efeitos catastróficos. Os resquícios da busca por agradar aos pais se juntam e recriam as cenas que suas versões mais jovens aprenderam a esperar.

Quando vejo um casal em terapia, em geral cada lado já voltou a se entrincheirar em seu território, com um abismo gigante entre eles: nenhum dos dois disposto a voltar à mesa de negociações para buscar um meio-termo, embora o que os uniu no começo tenha sido o potencial desse território novo.

GANHA-GANHA

Não é preciso fazer terapia para aprender a agradar a si mesmo em seus relacionamentos.

Se você está num relacionamento agora, faça-se a pergunta a seguir; ou, melhor ainda, converse sobre ela com seu companheiro ou sua companheira. Se estiver solteiro no momento, reflita sobre um relacionamento do passado e veja se há algo que você pode aprender e levar consigo para o próximo.

No começo, o que atraiu você?

Foi uma característica que falta em você ou alguma liberdade que gostaria de ter? Talvez você possa integrar elementos desse aspecto para se permitir ser mais como essa outra pessoa em alguns sentidos e para estar mais bem preparado para se agradar. Ou, assim como Eric e Karina, você acaba voltando ao antigo código de agradar ao outro e começa a sentir raiva da pessoa pelo que ela tem de diferente?

Veja o que acontece se você acrescentar agora uma dose de generosidade e boa vontade ao modo como vê essa característica. Talvez você consiga entendê-la como um subproduto do condicionamento prévio que precisa de certa atualização da outra pessoa, e pode ser que tenha sido isso que a fez sentir atração por você. Ou talvez você consiga entender que seu próprio condicionamento tenha impedido que você aceitasse a permissão do outro para relaxar suas regras. Se for um relacionamento atual, veja se vocês dois conseguem negociar uma forma de avançar juntos, uma forma que se baseie nos pontos fortes de ambos e que os ajude a chegar a um acordo em que os dois saiam ganhando. Se estiver solteiro agora, veja se consegue assimilar a permissão que não conseguia aceitar antes e levá-la consigo para o próximo relacionamento.

SOLTE A CORDA

Se não buscarmos o ganha-ganha, vamos acabar no perde-perde de uma guerra de vontades que não vai a lugar nenhum.

Em qualquer cabo de guerra psicológico, o primeiro passo é soltar a corda. Isso vale para todo tipo de conflito em que nos envolvemos e adotamos um ponto de vista rígido, seja com outra pessoa ou com nós mesmos. Precisamos ter curiosidade pelo que está acontecendo, olhar para o quadro geral da situação e ter flexibilidade para identificar outras opções. Quando nos fixamos em uma situação de rebeldia, de "não vestir o casaco só porque nossa mãe mandou", perdemos nossa capacidade de negociar como adultos e, com isso, nossa capacidade de ter as necessidades atendidas. Estar certo ou ser o dono da verdade se torna mais importante do que conseguir algo, e desperdiçamos nossa energia nessa resistência.

É preciso generosidade para soltar a corda. Quando conseguimos nos abrir para a possibilidade de que nosso parceiro não puxa a outra ponta para nos controlar ou nos derrotar, mas sim para se manter firme em seu próprio condicionamento, podemos nos oferecer para soltar nossa ponta da corda primeiro, a fim de eliminar a resistência e descobrir o que surge no lugar dela. Se você ainda não chegou a uma resolução, pode ser necessário tempo para soltar de vez; e todos precisamos de um pouco de paciência para ter certeza.

Dialogar com generosidade não significa reproduzir estratégias de agradar ao outro. Significa disposição para ouvir as necessidades e os sentimentos *genuínos* de seu parceiro em vez de atender apenas às necessidades dele que você ou deseja atender, ou sabe como atender ou pode querer em troca. Essas são as estratégias limitadas da criança que busca agradar, e não o caminho para um vínculo adulto, honesto e íntimo. Descubra a verdade sobre quem é o outro, o que ele quer e se você é compatível, em vez de tentar transformá-lo em alguém a quem você pode agradar ou se transformar em alguém que pode agradá-lo.

TODA HISTÓRIA TEM DOIS LADOS

Em todo relacionamento há conflitos. Pode ser em relação a dinheiro, família, trabalho ou sexo. O remédio é o mesmo em todas essas situações, mas vamos falar do sexo porque ele é uma fonte comum de conflitos para pessoas que buscam agradar — e não é uma questão muito abordada.

Nos casais com que converso, é comum que uma das partes sinta que havia mais sexo no começo, quando a outra pessoa estava "se esforçando mais". Por sua vez, a outra parte sente que havia mais vínculos emocionais, em vez de sexuais, ou atitudes práticas de cuidado e comunicação, no começo, quando a outra pessoa também estava "se esforçando mais". Ambos os lados sentem que o outro fez algo para parar de agradá-lo e, o que não é surpreendente, ambos acreditam que sua queixa é mais legítima.

Em situações assim, as duas pessoas ficam polarizadas em suas posições, pegam a corda e se defendem do ponto de vista do outro. O mesmo acontece quando brigamos por causa do trabalho doméstico, dos filhos, de parentes ou finanças. No começo, os dois podem ter se esforçado para agradar em todas essas áreas por um tempo, mas isso foi substituído por atitudes de Resistente a partir do momento em que o cansaço de agradar se instalou ou quando uma das partes quebrou o contrato de agradar. Quando os esforços para agradar não são reconhecidos ou correspondidos, em geral uma das partes — ou ambas —sente raiva e retira sua contribuição da mesa. Esses são os casais que pararam de dar algo um ao outro por sentirem que não estavam recebendo nada em troca. Casais que pararam de ouvir por não se sentirem ouvidos. Casais que se encontravam em dificuldades, por causa de infidelidades, mentiras ou desconfianças, e que só então resolvem ter a conversa que precisavam ter tido muito antes.

Ter a conversa que vocês precisam não vai levar de volta ao ponto em que começaram — não é esse o objetivo, e a ideia não é levar vocês de volta aos hábitos originais de agradar ao outro. No entanto, a conversa pode fazer vocês avançarem ao ponto em que gostariam de estar — se estiverem dispostos a se aprofundar mais e a entender melhor as necessidades: tanto as suas como as do outro.

ACEITAÇÃO RADICAL

A questão não é apenas saber o que queremos, é também entender *por quê*. Se conseguirmos nos desprender do conteúdo de nossa queixa, podemos olhar para o significado que associamos a ela e nos dedicar a uma resolução sincera dos problemas. Se conseguirmos entender *por que* isso importa para cada um de nós, podemos parar de defender nosso ponto de vista singular e sentir empatia e compaixão para aceitar que nossa verdade não é necessariamente a *única*.

Converso com casais sobre praticar a aceitação radical no caso de conflitos. Digo *radical* porque essa palavra demonstra que a aceitação precisa ser inteira e profunda. Se conseguirmos aceitar *radicalmente* o ponto de vista do outro por um momento, podemos buscar o fundo de verdade nele e nos assegurarmos de que ele fará o mesmo por nós. Assim que nos oferecermos para aceitar que há validade e boas intenções no ponto de vista do outro, nosso sistema nervoso pode deixar de lado a reação de lutar ou fugir e podemos voltar a pensar de forma racional, buscando soluções criativas e agindo de maneira colaborativa, agora com dois fundos de verdade para seguir em frente e boa vontade mútua para chegar a um meio-termo.

Não importa quem começa o processo; portanto, se você notou o cabo de guerra, pode ser a pessoa que baixa a corda e confia que o processo a que deu início será benéfico para ambos. Não porque o outro *manda* você soltar seu lado da corda, tampouco porque seu velho hábito de agradar insiste que é o que *deve* fazer, mas porque você quer e pode. Você tem isso para dar e pode oferecer esse ato com generosidade.

O que vou dizer agora vem com um alerta de saúde. Digo isso partindo do pressuposto de que você está num relacionamento saudável e funcional de amor e respeito mútuo, sem coação nem abuso de poder. Quando os relacionamentos são tóxicos ou abusivos, agradar-se só é possível quando você termina a relação e se empodera para tomar decisões felizes e saudáveis no futuro.

No entanto, se seu relacionamento é saudável e é você quem sente que o vínculo sexual se perdeu, pode se oferecer para voltar a criar um vínculo não sexual, com afetos físicos não sexuais, atenção emocional proativa e apoio prático, e descobrir se isso traz de volta a conexão sexual que você busca. Se é você quem tem a impressão de que o vínculo emocional ou o apoio prático se perdeu, pode se voluntariar para reavivar sua relação sexual e descobrir se isso traz de volta o vínculo emocional e a ajuda prática que você busca.

Insistir que uma necessidade é mais válida ou mais importante que a outra vai apenas entrincheirar vocês e tirar o foco do que é de fato importante: o significado real das coisas.

Se você quer mais sexo em seu relacionamento, pergunte-se: *por que* deseja isso? Analise as respostas iniciais da biologia, ou a libido ou os sentimentos naturais de atração pelo seu parceiro, e busque as mensagens mais profundas sobre valor, desejo, potência ou adequação. O que mais o sexo lhe proporciona? Talvez você também o use para combater sentimentos de insegurança ou ciúme. Talvez seja preciso trabalhar nessas outras necessidades.

Se você quer mais apoio emocional ou prático em seu relacionamento, *por que* deseja isso? Mais uma vez, analise o argumento de que seu parceiro deveria querer buscar um vínculo emocional, de que as tarefas são uma responsabilidade compartilhada ou de que, se ele se importasse com você, ajudaria. *O que mais* você sente quando seu parceiro ajuda você ou quando cuida de você? Procure ouvir as mensagens que costuma associar a cuidado, respeito, igualdade ou controle. Talvez você tenha certas necessidades emocionais que, quando atendidas pelo afeto ou pelo apoio, lhe ajudam a se sentir mais valorizado ou visto. Talvez aqui a tarefa também seja sua.

Isso se aplica a qualquer conflito. Se a questão são as finanças, por que gostaria que o outro gastasse menos? Além das preocupações racionais a respeito de orçamento, talvez você tenha medo quando as coisas saem de controle ou quando alguém se comporta de maneira imprudente. Se é sobre a criação dos filhos, por que gostaria que o outro se envolvesse mais? Além do argumento de que é importante para a relação entre pais e filhos, será que isso libertaria você da culpa que sentiria se tirasse uma folga?

Compartilhar os *motivos* que estão por trás do que você quer pode ajudar você e seu parceiro a cuidar deles juntos, se tiverem coragem para trazer isso à tona. Não se perca no teor da discussão. Pare. Solte a corda e procure o equilíbrio. Em termos gerais, é melhor quando há equilíbrio, e é o que vocês dois vieram buscar nesse relacionamento. Entretanto, isso exige vulnerabilidade, o que pode assustar; portanto, é importante se preparar entendendo o que impede você de ter conversas sinceras.

O medo pode nos impedir de correr o risco de ser vulnerável, desabafar queixas e criar vínculos íntimos e autênticos. Sabemos que algumas pessoas que buscam agradar têm um medo profundo de abandono, e que isso pode afetar a capacidade delas de relaxar num relacionamento, como foi o caso de Antoni.

ANTONI

Antoni começou a fazer terapia por causa de insegurança. Estava atrapalhando sua vida. Ele morria de medo de que seu marido o deixasse e isso o tornava ansioso e paranoico. Toda vez que Marc saía para o trabalho, Antoni se via pensando no pior: o marido tinha um caso ou não o amava mais. Quando brigavam, Antoni bombardeava Marc com pedidos de desculpas e ofertas de paz; quando Marc saía com os amigos, Antoni aparecia com o carro ao fim da noite para levá-lo para casa. Antoni parecia uma combinação de agradador Clássico com Pacificador, enchendo Marc de presentes e sempre tentando fazê-lo feliz, mas sua obsessão em se agarrar a ele era sufocante. As tentativas de agradar Marc eram esforços maldisfarçados de controlá-lo e mantê-lo próximo, e estavam tendo o efeito oposto.

"A ansiedade vai e vem", ele disse. "Nesta semana, está muito ruim. Marc viajou com uns amigos. Sei que ele está se cansando e isso só me preocupa ainda mais. Parou de atender o telefone e sei que isso é culpa minha... eu o estou afastando. Meu medo vai acabar me fazendo perder Marc."

Antoni parecia assustado enquanto falava, quase como uma criança.

"Você já perdeu alguém antes?", perguntei.

Antoni tinha sete anos quando sua mãe sofreu um derrame e morreu. Não se lembrava muito dela, além das panquecas de banana que fazia para ele e da cena de estar sentado no primeiro degrau enquanto ela o ensinava a amarrar o cadarço. Mas conseguia se lembrar da noite em que ela morreu, como se fosse ontem. Antoni estava sentado em uma cadeira dura de plástico em um corredor de hospital quando ouviu o pai falando ao telefone: "Acabou, ela morreu". Antoni chorou até pegar no sono no caminho de carro para casa.

Antoni não era próximo do pai; descrevia-o como "um macho alfa" que escondia os sentimentos e criava o filho para seguir seu exemplo. Ninguém estava lá para ajudar Antoni a entender seus sentimentos avassaladores, e o menino carregou todo o peso sem os recursos para lidar com esses sentimentos, arrastando-os até a vida adulta e para seu relacionamento com o marido. Para Antoni, a perda não era triste, era aterrorizante. Era o fim de tudo.

Ele ficou chocado, a princípio, quando sugeri que sua ansiedade poderia ter origem no que aconteceu com aquele garotinho tantos anos antes.

"Então você está me dizendo que minha ansiedade pode não ter a ver com a possibilidade de meu marido me trair", ele disse, em parte para si mesmo, com os olhos fixos em um quadro atrás de mim. Depois de um longo silêncio, me olhou nos olhos. "É porque tenho medo de perder alguém que amo de novo, não é?"

Antoni nunca tinha falado com ninguém sobre a mãe. Nem mesmo Marc sabia a história inteira. Antoni não tinha os recursos, na vida adulta, para lidar com seu medo da perda, e para impedir uma outra perda ele tentava agradar, a fim de que as pessoas que amava não o deixassem. Qualquer que fosse seu sentimento, ele buscava o marido para se tranquilizar. Precisava que Marc lhe falasse que estava tudo bem e que a relação deles era segura. Antoni guardava seus verdadeiros sentimentos para si e, quando transbordavam, implorava o perdão de Marc. Ele não tinha um modelo de que é saudável e normal *sentir* quando se está em um relacionamento. Que é seguro. Que há espaço para ruptura e há a opção de reparar o erro. Em vez disso, inconscientemente tentava obrigar o marido a tranquilizá-lo e a assegurá-lo, e o afastava nesse processo. Empregava todas as estratégias de agradar às pessoas para tentar manter Marc próximo, e acabava afastando-o.

Quando parou de fazer terapia, tinha entendido seu medo, e decidiu pedir ao marido de maneira clara aquilo de que precisava — um espaço para compartilhar seus verdadeiros sentimentos e a permissão recíproca de correr o risco de ruptura no relacionamento, em uma tentativa de ser mais autêntico e de sentir de maneira mais profundamente segura. Não seria uma jornada fácil, mas pelo menos agora ele tinha um mapa.

IDENTIFIQUE SEU SABOTADOR INTERNO

Às vezes, com suas tentativas desesperadas de evitá-lo, você acaba provocando exatamente o resultado temido. Antoni morria de medo de perder Marc, mas seus esforços para prender o marido estavam destruindo a confiança em seu relacionamento.

Vamos usar a vantagem de olhar em retrospecto para identificar como o comportamento de agradar pode ter sabotado suas relações.

O que provocou o fim de seus relacionamentos anteriores?

Veja se você consegue perceber como seus relacionamentos costumam terminar. É você que costuma pedir um tempo ou o outro quem em geral termina o relacionamento? É sempre pelo mesmo motivo? Você às vezes nota que a relação está para terminar ou o fim o pega de surpresa? Vocês ficam juntos por mais tempo do que deveriam, por obrigação ou medo de ficar sozinhos? Ou nunca passam do primeiro desentendimento?

Se você não consegue tolerar a sensação de desagradar ao outro, o relacionamento pode cair no primeiro obstáculo. Quando sente que não está agradando, tem de cair fora. Você termina tudo ou encontra um jeito de causar uma mágoa que faz o outro dar um fim ao relacionamento. Ou exagera em seus hábitos de agradar e os impõe ao parceiro. Sufoca de tanto tentar agradá-lo e não recebe nada em troca. Ou espera que o outro siga as antigas mensagens que você recebeu sobre agradar às pessoas. De repente, ele acha que deve passar todo Natal com os sogros, que dar presentes simboliza amor e que e-mails e mensagens de texto demandam resposta imediata. Sem espaço para negociação ou para a própria identidade, a única opção do outro é se afastar.

Se você consegue ver que há uma autossabotagem envolvida no fim de seus relacionamentos antigos, veja se consegue perceber: do que tinha medo? Você estava tentando ficar à altura do que considera um "bom" parceiro ou um "bom" relacionamento?

"BONS" RELACIONAMENTOS

Como alguém que busca sempre agradar, pode ser que você venda uma boa impressão no começo do relacionamento, compromete-se a agradar, mas está fadado a desapontar. Na tentativa de agradar (ou não desagradar) a um parceiro, você não conta como realmente se sente. Deixa as coisas rolarem fingindo ser quem você acha que ele deseja que você seja — até o dia em que não consegue mais. Ele termina a relação quando vê seu verdadeiro eu, ou você termina quando nota isso em você mesmo e não consegue ser a pessoa que se dispôs a ser. Quando resolve se esforçar mais ou ser menos exigente da próxima vez, você se dispõe novamente a ser a pessoa que acredita que *deveria* ser, em vez de ser quem você é, e o ciclo recomeça.

De onde você tirou sua ideia do que é um "bom" companheiro ou um "bom" relacionamento?

O pai de Antoni o ensinou a guardar seu medo para si, deixando ao filho, como a única forma de se sentir seguro em relacionamentos de alto risco, a opção de evitar conflito.

Pais que nunca discordam podem desenvolver nos filhos a visão equivocada de que qualquer conflito em um relacionamento é negativo ou deve ser evitado. Quando bem gerenciado, o conflito é parte essencial de relacionamentos e desencadeia um processo importante de negociação para que as pessoas assumam um relacionamento entre iguais e uma parceria que é maior que a soma de suas partes.

Talvez seus pais não brigassem, não fossem presentes ou, por algum motivo, você decidiu não ser como eles em seus relacionamentos. Agora é possível que se julgue de acordo com padrões impossíveis e faça todo o trabalho emocional em seus relacionamentos, aceitando maus comportamentos ou usando padrões de Resistente para manter as pessoas longe. Tentar evitar os relacionamentos disfuncionais que presenciou na infância pode levar você a uma hipercorreção. Em vez disso, vá atrás do que deseja, e assim poderá ir ao encontro de relacionamentos saudáveis.

Algumas dessas pessoas que buscam sempre agradar nunca descobrem que poderiam ter vivido o que desejavam se tivessem simplesmente pedido. Ou se tivessem parado de se esforçar tanto para ter um "bom" relacionamento e, em vez disso, tivessem vivido um relacionamento real. Talvez o que você queria já estivesse lá, à sua disposição. Incapaz de aceitar que você é desejável ou de confiar que é digno de amor, você inconscientemente sabota seus relacionamentos com sua carência e os conduz à inevitável e decepcionante conclusão que sempre imagina. Você assimila a mensagem de que fracassou de novo de alguma forma, de que não agradou ao outro ou não foi bom o bastante; e com isso passa por mais uma experiência que reforça sua sensação de inadequação, levando-a para o próximo relacionamento e incorporando-a nessa trajetória rumo a mais uma decepção futura.

BARULHO NO MATO

Como a história de Antoni nos mostra, o medo está na origem de muitos comportamentos das pessoas que vivem tentando agradar. É um sentimento natural, feito para nos manter vivos. Se nossos ancestrais ouviam um barulho no mato, precisavam sentir medo — afinal, podia ser um tigre e, se não temessem e não tivessem agido com base nesse medo, provavelmente não estaríamos aqui hoje. Embora a maioria de nós não corra risco real de trombar com um predador faminto no dia a dia, há diversos riscos que ainda disparam em nós uma resposta de medo. O frio na espinha enquanto você caminha para casa no escuro, a reação de ficar paralisado quando algo passa por sua visão periférica, a intensificação dos sentidos quando o carro da frente freia de repente. Sentir medo em situações perigosas é necessário e apropriado.

No entanto, uma reação de medo excessiva em relacionamentos não é nada positiva. O medo é contagioso. Se seus pais ou cuidadores eram medrosos demais, são grandes as chances de você também ser. Em um nível evolutivo, é preciso transferir nosso sentimento de medo para que o resto do grupo receba o mesmo alerta e se prepare para fugir. Nem todos precisamos ver o tigre, desde que um de nós o veja e possa avisar o bando. E se o barulho no mato não for uma questão de vida ou morte? E se não justificar enterrarmos nossa cabeça na areia ou corrermos na direção oposta? E se os medos que herdamos de nossos pais tinham a ver com dizer "não", ficar sozinho ou se expressar, e na verdade agradamos aos outros para contornar nosso medo mesmo quando não há nada a temer?

Às vezes, os agradadores recebem a mensagem oposta e são ensinados a ignorar todo e qualquer medo. Na infância, a sensação de que algo não estava certo era ignorada ou desestimulada e, quando ficavam com medo, ouviam "não há nada de errado" ou "deixe de bobagem". Treinados para ignorar sua intuição na infância, pode ser que não confiem em seus sentimentos de medo na vida adulta, que não saibam quais medos devem levá-los a agir e quais podem ser ignorados, ou como agir em qualquer situação. Esses agradadores costumam ficar ansiosos em relação a tudo e usam de agrados constantes para se tranquilizar por um tempo, ou podem não notar os sinais de alerta justificados, permanecendo em situações perigosas ou relações tóxicas em vez de aprender a sair delas e a agradar a si mesmos.

PROTEJA-SE

Quando deparamos com um barulho no mato, há várias opções para diminuir ou desviar nosso medo: fugir, nos esconder, adaptar nosso comportamento, nos distrair, torcer para que cesse ou dizer a nós mesmos que estamos sendo ridículos. Pessoas que buscam agradar aos outros acabam agindo assim porque não conseguem validar os próprios sentimentos e agir de acordo com eles a fim de se proteger e agradar a si mesmas. Sentindo-se incapazes de mudar a situação, elas modificam seu próprio comportamento ou transformam picos de pavor em uma ansiedade constante. Quando se trata de um barulho no mato, ou de medo de conflito em relacionamentos, há apenas dois recursos saudáveis.

Primeiro, descubra qual é realmente o problema. Não suponha que é um tigre só por causa do barulho. Permita-se descobrir que seu medo nem sempre é fundamentado. Para não recair no velho padrão, descubra o que acontece se disser a alguém como realmente se sente. Se estiver inseguro porque não recebe notícias de alguém, antes de imaginar o pior ligue para a pessoa. Dê a si mesmo a oportunidade de descobrir que não é nada com você e que essa pessoa estava só resolvendo algo pessoal. Contestar suas suposições e colocar suas fantasias em xeque vai treinar seu cérebro para mapear uma possibilidade diferente para o futuro: deixar de agradar e descobrir que estava a salvo todo esse tempo.

Segundo, crie ferramentas. Se vai encarar o perigo em vez de fugir, tem de se preparar para enfrentar os tigres emocionais quando eles aparecerem. Coragem não é se iludir pensando que nada de ruim vai acontecer. É aprender que temos recursos para superar o desastre. Você precisa saber que, se estiver enfrentando perda, traição ou rejeição, há mais coisas com que se proteger do que instáveis afirmações dos outros. Para correr o risco da ruptura em relacionamentos, você precisa se proteger com autoestima e ter resiliência para dizer: "Vou sobreviver".

Antoni precisava enfrentar seu medo da perda em vez de fugir dele agradando ao marido e negando sua própria vulnerabilidade. Precisava compartilhar mais, e não menos, e expor-se à reação de Marc para descobrir se Marc o amava o suficiente para aceitar sua vulnerabilidade. Cabia apoiar-se em sua autoconfiança para acreditar que, se a prática de agradar era tudo que os mantinha juntos, ele seria capaz de sobreviver à perda de um relacionamento ruim para procurar um que fosse bom.

Se você normalmente se esquiva de conflitos em seu relacionamento, crie coragem e investigue; pode ser que não tenha nada a temer. Quando você para de agradar ao outro, descobre que, como diz dr. Seuss, "aqueles que ligam não importam; e aqueles que importam não ligam". As pessoas que de fato importam já te amam pelo que você é, e só as que não são importantes valorizavam apenas o que você fazia por elas. Aceitação condicional não é aceitação coisa nenhuma, e não há o que lamentar no fim de um relacionamento baseado em agradar ao outro. A ruptura em relacionamentos pode ser reparada se os dois lados estiverem dispostos — e, se não puder ser reparada, não havia por que seguir adiante com esse relacionamento.

Agradar no trabalho

Quando eu tinha vinte e poucos anos, aceitei um trabalho no qual fazia parte de um departamento que era avaliado de acordo com os resultados da equipe. No começo, sentia um grande prazer em completar minha lista de afazeres e sair do escritório com a caixa de e-mails vazia, com uma noção clara das prioridades para o dia seguinte e cheia de sugestões de como poderíamos agregar mais valor para a empresa. Eu era meticulosa e organizada e tinha o maior prazer em me oferecer para cumprir as tarefas sugeridas em reuniões da equipe. Até que um dia me dei conta de que era a única. Nessa empresa, havia uma dinâmica curiosa em que, se você fazia bem seu trabalho, podia fazer o trabalho dos outros também.

Então, parei de tentar agradar a todo o mundo, mas, em vez de me impor, apenas imitei a passividade que via nos Resistentes da equipe — ficava em silêncio quando as tarefas estavam sendo distribuídas ou simplesmente faltava às reuniões. Quando ninguém se oferecia para fazer algo, alguém acabava sendo incumbido da tarefa, mas eu era criativa em meus talentos de desviar das tarefas infinitas e até ganhei o apelido de "Turrell Teflon", porque nenhum dos pedidos extras grudava em mim.

Aparentemente, eu sabia como nunca ligar o foda-se e também como ligar o foda-se no máximo, mas tinha dificuldades para ligar o foda-se com moderação.

Decidi sair da situação disfuncional e encontrar uma vocação que fosse mais gratificante: a psicoterapia.

NÃO É ESCOLA

Aprender a se agradar significa crescer e ser capaz de se autorregular, sem ligar o foda-se para tudo. Quando você atualiza as regras e se dá as permissões que faltaram na infância, aprende que ser você mesmo e agradar a si mesmo é aceitável e apropriado na vida adulta. Não existem mais pais externos em quem devemos confiar, e podemos desenvolver pais internos atualizados no lugar deles, para nos guiar, nos fazer assumir a responsabilidade e nos apoiar em momentos difíceis. Até começarmos a trabalhar, pelo menos.

A cultura de trabalho tradicional pode nos fazer voltar à infância. Ouço agradadores falando do trabalho como se estivessem na escola, adultos subitamente reduzidos a comportamentos de crianças suplicantes por causa da cultura autoritária de uma instituição com regras de vestuário sufocantes e horários inflexíveis. Ávidos por agradar, eles são obrigados a obedecer aos chefes e vestem o casaco por motivos que não fazem sentido.

Isso não significa que não devemos seguir regras no trabalho. É preciso haver práticas e expectativas de profissionalismo, assim como é preciso proteger os direitos dos trabalhadores para que cumpram sua função livres de discriminação ou assédio. Essas regras não existem à toa, tampouco foram feitas para exercer poder sobre os outros e criar relações de pais e filhos onde elas não deveriam existir. Muitas empresas vêm se tornando mais progressistas em sua filosofia e entendem que o trabalho flexível não é uma recompensa por bom comportamento, e sim o ingrediente saudável de um ambiente de colaboração e respeito mútuo. Ou que trabalhar além da conta não equivale a resultados. Ou que não faltar nunca não é prova de resistência sobre-humana ou dedicação ao trabalho.

No entanto, regras que empregadores menos esclarecidos aplicam para policiar funcionários e fazê-los obedecer podem destruir o ânimo de uma equipe e atrapalhar sua produtividade. Agir como uma figura autoritária rígida cria uma equipe de crianças levadas ou puxa-sacos. Expectativas sem fundamentos lógicos criam um desequilíbrio de poder no trabalho que não condiz com um ambiente profissional adulto e leva os funcionários a respostas que envolvem insegurança e medo. Nesse espaço infantil, de lutar ou fugir, não temos como acessar nossas capacidades mais racionais e colaborativas para resolver problemas, e definitivamente não conseguimos ser eficazes.

SER ADULTO NO TRABALHO

Não ser adulto no trabalho é uma péssima ideia. Na verdade, com seus esforços de manter o emprego você pode acabar limitando seu potencial de sucesso profissional. Buscar a gratidão dos chefes sendo agradável e aceitando tudo consome seu senso de competência e diminui sua credibilidade. Talvez, por um lado, você evite críticas e represálias por nunca desviar da norma nem pensar fora da caixinha. Por outro lado, estar disposto a desagradar e ser assertivo pode fazê-lo ser mais *valorizado* e *respeitado*. Ser capaz de desagradar faz parte de ser autêntico e pode lhe ser útil, até necessário, para desenvolver relações profissionais produtivas. Essa atitude pode causar o impacto que você deseja e atrair os elogios que merece. Há uma grande diferença entre ser indiferente e aceitar ser diferente; além disso, ser capaz de defender as ideias em que acredita é vital para a satisfação no trabalho.

Como nas outras situações que exploramos, não devemos ter medo de ruptura em nossas relações profissionais. Claro, não podemos negar: precisamos do nosso emprego e a ruptura errada pode ter consequências práticas que vão além do que acontece ao romper uma amizade ou um relacionamento. Mas, às vezes, tentar evitar a ruptura coloca sua carreira ainda mais em risco.

Se somos obedientes demais no trabalho, podemos desencadear uma compensação negativa em outras áreas. Pode ser que a gente pare de dar a devida atenção à família ou de valorizar relacionamentos pessoais, e justifique isso dizendo: “Bom, preciso de um lugar onde eu possa relaxar, não consigo ser perfeito o tempo inteiro”. Ao criar essa distinção entre casa e trabalho, descontamos nas pessoas que amamos — que, por sua vez, se cansam de ter de arrumar a “bagunça” que fazemos ou de se contentar com nossas migalhas de conversa ao fim do dia. Isso não quer dizer que precisamos melhorar nosso desempenho e ser mais agradáveis em casa também; em vez disso, precisamos ajustar nossa tendência de agradar em todos os campos. Ser você mesmo de forma mais homogênea, uma pessoa imperfeita mas engajada em todas as áreas de sua vida, vai ajudá-lo a se sentir mais relaxado e capaz de atuar tanto no campo pessoal como no profissional.

Para agradar a si mesmo no trabalho, você precisa se libertar da ideia de levar apenas sua versão melhor e mais competente (e, em consequência, mais infantil) para o trabalho e começar a se mostrar como você é: uma pessoa autêntica e autônoma que segue sua própria bússola moral adulta. Para se agradar, precisa ter clareza sobre suas motivações a fim de agir de maneira adequada — nem excessivamente obediente, nem rebelde. Pessoas que buscam sempre agradar acham muito fácil fazer coisas pelos motivos errados no trabalho e costumam sofrer as consequências depois, como Chris descobriu da pior forma.

CHRIS

Chris era um workaholic. Enfermeiro-chefe em um setor agitado de um hospital geral, passava os dias facilitando a vida dos outros. Se alguém ficava doente, ele cobria o serviço dela: era sempre o primeiro a se oferecer se algum colega precisava de ajuda e sempre assumia funções extras, gerenciando a vaquinha para presentes de despedida e reservando salas para reuniões de equipe. Chris também trabalhava à noite. Depois que as crianças iam dormir, entrava de novo no sistema do hospital por alguns minutos para enviar e-mails de revisão de pacientes ou planos de tratamento atualizados para o dia seguinte. Essas tarefas não eram responsabilidade dele, mas precisavam ser feitas e Chris sabia que o departamento já estava sobrecarregado, então tinha o maior prazer em ajudar.

Pensava que trabalhava muito porque estava ajudando seus enfermeiros a fazer um bom trabalho, mas, na verdade, fazia isso para seguir o código de seu condicionamento.

Seus pais eram membros ativos da comunidade da igreja e o estimulavam a seguir o exemplo: ser esforçado e agir em prol de algo maior. Quando era criança, Chris seguira isso com a maior boa vontade e fora elogiado pela devoção e diligência quando era voluntário nos eventos de arrecadação de fundos da comunidade ou liderava o culto na escola dominical. Desenvolvera uma forma de agradar aos outros como Sombra e sentia satisfação e propósito ao defender as outras pessoas, depositando sua confiança nelas e ajudando-as a atingir seus objetivos. Nunca parou para se perguntar se a causa valia mesmo a pena ou se era também em prol de si mesmo. Ele gostava da sensação de ser uma peça em uma engrenagem maior, e, ao longo de catorze anos, essa engrenagem havia sido o hospital onde trabalhava. Inconscientemente, ser útil lhe dava uma sensação de propósito que o fazia se sentir necessário e seguro, como se estivesse sob a proteção dessas pessoas a quem agradava. Podia dessa forma se esconder como indivíduo e desfrutar da gratidão indireta que sentia por ajudar os outros.

Certa manhã, Chris chegou ao trabalho e foi chamado para uma reunião de última hora com os gerentes. Anunciaram que o setor estava passando por uma reestruturação e que a função dele havia sido considerada "não essencial". Chris ficou horrorizado; trabalhava mais do que qualquer outra pessoa e contribuía com muito mais do que era exigido pelas demandas de sua função, mas agora estava encarando o desemprego. Sua frágil sensação de segurança — meramente emprestada do sucesso que ele facilitava para seus colegas — lhe fora tirada, e ele se sentiu vulnerável e exposto. Havia agradado às pessoas e resolvido problemas com tanta discrição e habilidade que seus esforços passaram despercebidos. Seus empregadores nunca viram as horas que ele dedicou a ajudar os colegas a cumprirem suas funções de maneira mais efetiva, nem os sistemas que criou para melhorar o tratamento recebido pelos pacientes. Quando chegou o momento de cortar despesas, ser útil nos bastidores não era o suficiente para fazer parte da equipe, e ele foi considerado supérfluo.

Chris ficou devastado por seu comportamento de Sombra ter levado à sua demissão. O código original de sua criação o havia ensinado a sustentar o bem maior, mas não a se sustentar.

SAPOS NA ÁGUA QUENTE

"Sabe aquele experimento que fazem com sapos?", Chris começou certo dia, algumas semanas depois. "Colocam um sapo em uma panela d'água e vão aumentando a temperatura devagar. O sapo simplesmente fica lá. E depois colocam outro sapo em uma panela de água *já* quente e o sapo pula para fora na hora... Então, acho que foi isso que aconteceu comigo, acho que durante catorze anos fui esse primeiro sapo, simplesmente fui ficando enquanto a temperatura subia. Queria ter sido o segundo sapo. Isso poderia ter me poupado de muita dor."

As coisas não deveriam ter terminado daquela forma, mas, se não fosse pela surpresa desagradável, talvez Chris nunca tivesse sido obrigado a fazer um balanço e recomeçar. Talvez tivesse continuado a buscar formas de se conformar com temperaturas cada vez mais altas e não tivesse percebido que aquela situação era insustentável. Nossa tarefa na terapia era ajudá-lo a agir como o segundo sapo com mais frequência, e a usar seus instintos e reações para sair da água quente o quanto antes.

Chris estava tão focado em agradar em nome do bem maior que havia se desligado completamente de seus sentimentos e existia apenas nas esferas dos pacientes e colegas com quem trabalhava, sempre disposto a tratar do desconforto deles enquanto ignorava seu próprio desconforto, deliberadamente. Os agradadores Sombra sentem satisfação e segurança ao participar de algo importante, em vez de serem importantes para si mesmos. Precisávamos fazer Chris se reconectar com seus sentimentos e resgatar sua própria importância.

Para sair das panelas de água quente no futuro, ele precisava ser capaz de colocar um pé na água e sentir o calor. Só assim teria o feedback de que precisava para cair fora e levar seu entusiasmo e seus talentos para outro lugar.

Continuar na água quente, dizendo a si mesmo que "as coisas vão melhorar", que "alguém precisa fazer isso" ou que "nada que vale a pena vem fácil" são os artifícios clássicos do agradador, que prefere agradar e colocar o trabalho dos outros em dia a prestar atenção em seus próprios sentimentos.

MEÇA A TEMPERATURA DA PANELA

Vamos parar um minuto para pensar na panela de água em que você trabalha.

Como está a temperatura?

Se for estressante, mal gerenciada ou tóxica em algum sentido, é porque está quente demais.

Agora pense na história que contou a si mesmo sobre essa temperatura. Pode ser que você diga a si mesmo que é temporário, que a vida é assim mesmo ou que você é o problema e sempre leva as coisas para o lado pessoal. Talvez você não goste de deixar a situação mais tensa, então agrada ao chefe ou aos colegas como um bom Pacificador. Talvez pense que é sua função "se sacrificar pela equipe" e, por isso, comporta-se como um Sombra? Agora pode ser o momento de relaxar as regras que você recebeu para poder se incluir entre aqueles que apoia.

Se você busca agradar a todo o mundo, pode não ter notado que o problema é o ambiente, e não você. É importante verificar a temperatura da panela em que costuma trabalhar e se permitir uma avaliação honesta. Se a água estiver incômoda, permita-se fazer algo a respeito ou saia dela. Há muitos laguinhos agradáveis, e obrigar-se a continuar em panelas escaldantes é exatamente o que impediu você de estar em um lugar melhor, um lugar onde pudesse se sentir à vontade e bem-sucedido.

NUMA RELAÇÃO, METADE É COM VOCÊ

Às vezes, para dizer "sim" a si mesmo precisamos dizer "não" ao outro. Isso se aplica ao trabalho tanto quanto a qualquer outra área. Às vezes, temos que sair de algo ou terminar algo para sermos fiéis a nós mesmos. Ou temos que dizer "não" a algo que nos foi pedido e correr o risco de desapontar quem pediu. A decepção dos outros, particularmente das pessoas que consideramos que estão no poder, parece uma tortura para alguém que busca sempre agradar. Isso acontece porque ninguém falou aos agradadores que eles são responsáveis por apenas cinquenta por cento, por metade da relação. Os outros cinquenta por cento dependem de como a pessoa recebe o nosso "não", e não podemos nos responsabilizar por isso. Os agradadores muitas vezes pensam que nunca podem causar um impacto negativo no outro. Concordo que não devemos ter a *intenção* de causar um impacto negativo, mas, se isso acontecer como consequência de atendermos às nossas próprias necessidades, deve ser aceito. Se alguém te demanda que faça algo que você não quer fazer, um de vocês vai ter que resolver o problema. É lógico que o problema não pode ser sempre *seu*. Deixar que a outra pessoa presuma que você é o resolvedor de problemas o tempo todo também a tornará incapaz e a impedirá de recorrer a alternativas ou a outras ferramentas, tornando mais provável que ela recorra a você de novo da próxima vez.

Se não aprendermos a dizer "não", começamos a guardar ressentimento pelos pedidos dos outros. Podemos convencer o mundo de que estamos felizes em ajudar ou dispostos a seguir o fluxo, mas por trás da cortina de fumaça há sempre uma pessoa se sentindo amargurada e ressentida, que nutre raiva do mundo e está prestes a explodir: "E eu?", "Sou sempre o primeiro a chegar no escritório, e você não vai me deixar sair mais cedo hoje?", "Cumpro todos os prazos e agora você diz que não quer cumprir o meu?", "Sempre digo 'sim' para vocês, mas agora vocês me dizem 'não'?".

O ressentimento é o sintoma da raiva não sentida. A raiva dos outros por impor coisas a você e a raiva de si mesmo por aceitar essa imposição. Se notar que está ressentido com alguém, é provável que esteja precisando redefinir um limite com essa pessoa. É importante definir o que ela pode esperar de você e o que você está disposto a oferecer, de maneira realista. Os agradadores podem se iludir e iludir os outros ao seu redor de que agem pela bondade de seu coração, de que têm o maior prazer em ajudar ou de que não precisam de nada. Inconscientemente, pode ser que o agradador tenha esperanças de que parte de sua generosidade seja recompensada. Ele fica decepcionado quando se dá conta de que não havia um acordo recíproco, nenhuma palavra de reconhecimento e nenhum prêmio de "funcionário do mês".

É impossível as pessoas respeitarem seus limites se você não definir nenhum ou não comunicar a ninguém quando os definir. Se ceder em seus limites para evitar conflito ou por falta de respeito próprio, você não pode culpar os outros quando cruzarem essa linha invisível.

Faça apenas o que está disposto a fazer, com liberdade e sem amarras. É cilada fazer algo de má vontade na esperança de que isso depois se reverta em crédito; trata-se de uma forma manipuladora de fazer alguém ter uma dívida com você e de dar força a seus pedidos futuros.

Talvez não seja fácil ouvir que suas atitudes de agradar aos outros não são inteiramente altruístas. Para esclarecer, quando uso palavras como "manipulador" não digo isso como uma crítica. Não acredito que seja uma tática deliberada ou maldosa de fazer alguém atender às suas necessidades. Longe disso. É a contingência inconsciente de alguém que não confia que terá suas necessidades atendidas de outra forma. Você não acredita que pode pedir de forma direta o que deseja, sem que uma mão lave a outra. Você envia uma mensagem para receber uma resposta e oferece ajuda para se sentir reconhecido, e achando que se não fizesse isso não seria valorizado nem obteria resposta, e sem ter segurança ainda de que ficaria bem sem isso.

O OUTRO LADO DE AGRADAR

Na superfície, agradamos para fazer os outros felizes. Por trás disso, agradamos para conseguir algo em troca, como veremos no caso de Rosa.

ROSA

Rosa trabalhava como tesoureira em uma escola primária movimentada. Dia após dia, cumpria todas as tarefas de que era encarregada, bem como muitas outras. Passava pomada em joelhos ralados, resolvia brigas no parquinho, cuidava dos achados e perdidos e levava a equipe esportiva para os torneios. Às vezes seus esforços de agradadora Clássica eram notados. Mas raramente eram valorizados.

De alguma forma, Rosa tinha o talento de fazer tantas coisas para agradar aos funcionários e pais que acabava passando a imagem errada. Era criticada quando mexia na catalogação dos livros da biblioteca ou quando trazia uma nova máquina de lavar louça para a copa, e costumava ficar magoada com as críticas dos colegas. A solução de Rosa era ficar até mais tarde, se esforçar mais, ser melhor e agradar mais.

"Se ao menos eles soubessem o que *faço* e o quanto os ajudo, o quanto a escola depende de mim. Talvez assim dissessem 'obrigado'. É tudo que eu quero. Mas em vez disso recebo e-mails rabugentos da diretoria falando que chateei fulano ou criticando algo que fiz."

Como vimos no capítulo sobre amizades, podemos inconscientemente criar com outras pessoas uma dinâmica que reproduz velhos comportamentos. Isso acontece em amizades e relacionamentos e ainda mais no trabalho, que costuma ter hierarquias que nos levam de volta à relação entre pais e filhos. Com nossas conversas, Rosa começou a perceber que havia escalado seus colegas no papel de sua irmã mais velha, depreciativa.

Rosa era a bebê angelical de cabelinho dourado da família. Para alegria da mãe, ela chegara após um trágico parto em que o bebê nascera morto, dois anos depois da filha mais velha. Enquanto crescia, continuou sendo o foco do afeto da mãe e sentia a força do ciúme da irmã. Por mais que tentasse, não conseguia ganhar o amor da irmã, assim como fazia com seus colegas de trabalho agora. Para Rosa, era uma tendência familiar esforçar-se para ser agradável o suficiente e ganhar o coração das pessoas cujas opiniões lhe importavam. Porém, quanto mais tentava, mais parecia afastar essas pessoas; e, quanto menos afeto ofereciam em troca, mais ressentida ela ficava.

Entender as motivações e abandonar velhos sentimentos de inadequação permitiram que Rosa atualizasse seu comportamento no presente e se comportasse de maneira mais condizente no trabalho. De tempos em tempos, ainda sentia a presença da agradadora que havia sido, cujo espectro persistia pelos corredores da escola, oferecendo-se para uma ou outra excursão escolar ou desentupindo o vaso do banheiro feminino. Mas de modo geral ela conseguiu deixar que o trabalho voltasse a ser trabalho, assumindo apenas as tarefas pertinentes e que estava disposta a fazer. Percebeu a importância que dera, no passado, ao reconhecimento dos funcionários e dos pais para preencher a lacuna que sentia em sua autoestima, e como podia ficar irritada quando isso não era visível ou quando encontravam defeito em seu trabalho. Rosa pôs no devido lugar as opiniões dos outros, assim como os pontos de vista válidos, mas não definitivos, de outros adultos, que não são nem mais nem menos relevantes que seus próprios pontos de vista. Ela parou de impor de maneira coerciva aos colegas sua necessidade de validação e assumiu a responsabilidade por validar a si mesma. Como em geral acontece, quando ela parou de caçar a aprovação dos outros, passou a receber a rápida aceitação deles como resultado.

Não há agrado suficiente que nos garanta um lugar na estima do outro. No fim das contas, é em nossa autoestima que encontramos um ponto de apoio. Às vezes agradamos aos outros para ganhar a estima deles, porém com isso acabamos os afastando, por conta de nossa necessidade desesperada de reconhecimento. Só quando Rosa parou de exigir que os outros a valorizassem eles puderam lhe oferecer esse reconhecimento de maneira voluntária.

Rosa agradava às pessoas para ter algo em troca: queria dos colegas o reconhecimento e a aceitação que nunca havia recebido da irmã. Teve de resgatar essa dinâmica antiga para entender como estava agindo agora, de formas inconvenientes. Isso é natural. Em certa medida, todos recriamos nossa família original nos novos grupos que integramos. Não é um processo consciente; acontece sem nem notarmos, mas, quando identificamos isso, podemos fazer algo a respeito e conseguir um resultado diferente.

SEPARAR O PASSADO DO PRESENTE

Rosa conseguiu processar sentimentos antigos em relação à irmã para ajudar a atualizar seu impulso atual de agradar em outras áreas de sua vida.

Pense em uma situação de trabalho em que você passou por dificuldades e pare um momento para analisar as pessoas envolvidas.

Elas fazem você se lembrar de alguém? Examine os comportamentos ou as características que lhe parecem familiares e veja se consegue identificar que pessoas de seu passado elas representam. Se conseguir notar que seu gerente tem o mesmo tom crítico que um antigo professor ou que seu colega parece sair impune de tudo, exatamente como seu irmão, você já está a meio caminho de quebrar o feitiço e abandonar um velho padrão de comportamento.

Talvez seu pai fosse pedante ou seu rival na escola tirasse notas altas sem nem se esforçar, e você agora consegue identificar esses personagens em seus conflitos profissionais. Se conseguir reconhecer que esses personagens fazem você se sentir ou se comportar de formas não muito convenientes agora, pode ser que você esteja tentando corrigir erros do passado ou reproduzindo antigas estratégias.

Agora que identificou isso, veja se consegue separar o passado do presente, para que possa voltar a ser sua versão mais atualizada e empoderada, alguém que pode resolver as diferenças como um adulto, igual aos outros.

VOCÊ NÃO ESTÁ AJUDANDO NINGUÉM

Ainda que isso seja inconsciente, trazer conflitos familiares mal resolvidos para grupos que você encontra no trabalho dificilmente vai lhe proporcionar o resultado de que precisa. Você também pode acabar impedindo os outros de atingirem os resultados de que *eles* precisam, como Simone veio a descobrir.

SIMONE

Quando Simone veio me ver, tinha problemas para dormir. Ela tinha lido um pouco sobre sono, então sabia o que fazer e criara uma boa rotina antes de dormir. No entanto, havia ignorado um fator importante: sempre dava uma última olhadinha rápida nos e-mails antes de botar o telefone para carregar. Verificar os e-mails, mesmo quando não há motivo para se preocupar, era como acionar um guarda-noturno em sua cabeça, sempre alerta para o potencial de perigos ou intrusões. É assim que essas "olhadinhas" funcionam — nos deixam atentos a riscos e vigilantes. Não era de surpreender que o sistema nervoso dela não estivesse preparado para descansar.

Simone era uma designer freelance. Ela acreditava que o cliente sempre tinha razão e gostava de ser uma "fornecedora preferencial", o tempo todo disponível por telefone e oferecendo uma excelente relação custo-benefício. Dizia a si mesma que responder aos e-mails na hora demonstrava compromisso e deixava o terreno limpo para o dia seguinte. Por trás dos aspectos práticos, havia uma dinâmica mais interessante relacionada a agradar. Ao agradar dessa forma a seus clientes, respondendo aos e-mails tarde da noite e estando à disposição por telefone, ela os treinava para esperar respostas imediatas. John era um cliente desses, que havia sido acostumado a receber respostas imediatas. Ele exigia muito de Simone e reclamava sobre os custos ou o prazo, sempre lembrando a ela que ele também "tinha bocas para alimentar".

Vínhamos trabalhando muito para que Simone se valorizasse mais, em casa e no trabalho. Ela me contou que fazia cinco anos que não aumentava o valor de seus serviços e estava prestes a ter um prejuízo no trabalho mais recente que John lhe pedira.

"Eu me sinto péssima!", ela disse. "E se aumentar os preços e ele não puder pagar?"

"Esse parece um problema mesmo", eu disse. "Mas não me parece um problema seu."

SUSTENTANDO AS RELAÇÕES ERRADAS

Racionalmente, Simone sabia que no mundo dos negócios era preciso aceitar os altos e baixos. Na realidade, porém, tendia a só ficar nos baixos. Ela preferia aguentar seus custos crescentes e congelar os preços para deixar os clientes felizes, mas estava perdendo dinheiro demais para manter os negócios. Isso acontece muito com pessoas que buscam sempre agradar. Elas aturam a dor para impedir que os outros a sintam. Mas deixar que os outros fraquejem não é necessariamente errado. Pode ser preciso deixar que o outro fraqueje para que ele redefina suas expectativas ou mude algo que não está funcionando. Se você tirar o andaime e o edifício desabar, não significa que não o sustentou o suficiente, mas sim que o edifício não era seguro. Se diz "não" e alguém se decepciona ou algo cai por terra, isso não quer dizer que deveria ter dito "sim".

Isso também acontece em famílias — pode ser que sua mãe tivesse de agradar à mãe dela, então agora você precisa agradar a sua mãe, e sua filha tem de lhe agradar. Todos estão agradando para proteger o outro da verdade, mantendo a conspiração e sustentando os escombros. No entanto, sem a consciência de que na realidade estamos mascarando nosso comportamento de agradar aos outros, como fazer progressos ou mudar?

Depois de um tempo, Simone decidiu parar de inventar desculpas e passou a cobrar pelo que seu trabalho valia. John decidiu levar sua empresa para outro lugar, como Simone previra. Havia uma fatura de um valor bem substancial que ele não pagara e perguntei o que ela pretendia fazer.

"Sim...", ela disse. "Acho que só vou perdoar essa dívida para termos um rompimento amigável."

"Essa é uma decisão possível", respondi, "mas me parece uma maneira bastante cara de dizer 'Sem ressentimentos'."

Simone riu e reconheceu que, mesmo no fim da relação, ela estava disposta a perder dinheiro para evitar conflitos. É o que acontecia em casa também — também lá ela tentava agradar a todos e sempre buscava o caminho de menor resistência com o marido e os filhos. Mas só porque aceitamos alguns maus comportamentos de nossos filhos adolescentes ou um mau humor ocasional do companheiro, não significa que é preciso aceitar isso no trabalho também. Trabalho não é pessoal e, se nossos colegas se comportam mal, não temos de manter a relação além da cortesia profissional. Se clientes não pagam, não precisamos perdoar a dívida. Se nosso chefe nos manda uma mensagem tarde da noite, não somos obrigados a responder.

O medo de Simone era de que, se "perdesse" esse cliente, ela sentiria o impacto no resultado financeiro final. Mas ela já estava perdendo dinheiro com ele, sem falar do sono e da oportunidade de trabalhar com outro cliente melhor. Nunca ignore o custo de oportunidade de doar seu precioso tempo e sua preciosa energia para pessoas malcomportadas.

TREINANDO UM MAU COMPORTAMENTO

Simone era um bom exemplo de uma Pacificadora que, sem querer, havia caído numa armadilha: ao deixar passar o mau comportamento das pessoas, acabava treinando-as para se comportarem mal. Também agia como uma Sombra, compensando o atraso dos outros, muitas vezes a um grande custo, para protegê-los de uma realidade que, embora incômoda, poderia ser necessária para que fossem bem-sucedidos a longo prazo. Como costuma acontecer quando buscamos agradar aos outros, nós os protegemos de uma realidade que eles temem, mas que pode ser algo que precisam enfrentar. Se você agrada aos outros no trabalho, pare de fazer mais do que está disposto a fazer e aceite que isso pode ter um impacto sobre os outros. Deixe-os com aquela tarefa incômoda de atender às próprias necessidades, independentemente de você. Não sustente uma relação por medo de que a pessoa não suporte o peso. Pare de suprir a carência deles com seu sacrifício. O gosto pode ser amargo a princípio, contudo, nos relacionamentos certos, a mudança pode ser positiva — e não apenas para você.

Se não aprendermos a dizer "não" ou se continuarmos em um ambiente de trabalho em que só podemos ser aceitos se concordarmos com tudo, nossa contestação silenciosa pode se transformar em passividade e nossa única opção será agir em segredo e desenvolver padrões de Resistente. Podemos buscar coagir os outros como Rosa, nos martirizar como Chris ou perder o sono como Simone, desejando não nos importarmos, mas ainda assim sentindo a pressão de agradar.

PASSIVIDADE AO AGRADAR AOS OUTROS

Ser "passivo" significa desistir de nossa agentividade diante do conflito, nos entregarmos a uma situação inevitável ou nos enfurecermos em segredo. Se alguém lhe pede para fazer algo e você aceita, mas depois diz à pessoa que não conseguiu fazer aquilo, essa pode ser uma parte passiva e inconsciente sua resistindo à demanda do outro, deixando o tempo passar, ocupando-se com outras coisas ou simplesmente "esquecendo". Você não contestou a pessoa porque isso ia contra seus princípios de agradar; porém acabou por não cumprir o que disse que faria. É uma última tentativa desesperada de ter algum poder de voz em um mundo onde nada lhe é dado. De fora, as pessoas que buscam agradar aos outros podem não parecer passivas; pelo contrário, podem dar a impressão de serem mais ativas do que a maioria. Parecem ocupadas ajudando todo o mundo, mas, como são incapazes de assumir a responsabilidade por suas escolhas ou de criar prioridades de maneira responsável, podem acabar decepcionando uma pessoa para agradar a outra.

Podemos querer tranquilizar todo o mundo e encher nossas agendas com mais coisas do que somos capazes de fazer, e acabarmos atrasados em todas as reuniões. Podemos aceitar as tarefas mas precisarmos de um colega para nos livrar delas quando não damos conta. Passamos os olhos nos e-mails, mas perdemos as informações vitais. Não queremos dizer "não", mas não conseguimos dizer um "sim" com sinceridade, então deixamos a desejar e sentimos que fracassamos. Quem promete tudo com a intenção de agradar na prática quase nunca cumpre suas promessas. Na outra ponta, há alguém que espera prazos otimistas ou planos superambiciosos. Quando inevitavelmente decepcionamos nosso chefe, só nos resta torcer para que sejamos avaliados por nossas intenções e não pelos resultados ou tarefas.

Ou podemos ser manipuladores, como Rosa, e fazer "depósitos de agrado" em nossas "contas de relacionamento" na esperança de ter o direito de realizar um saque quando for necessário. Armamos para as pessoas estarem lá no futuro por nós, oferecendo créditos de agrado com antecedência. Um exemplo é o funcionário que faz de tudo para atender às demandas do trabalho apenas para poder exigir algo em troca — um pedido de folga de última hora, horários flexíveis ou um aumento de salário.

Às vezes, podemos agir de maneira rebelde no trabalho, se não nos for permitido agir com assertividade e autonomia. Resistimos em silêncio à figura parental para quem trabalhamos, talvez da mesma forma que agimos com nossos pais de verdade. Contestamos todos os pedidos sem pensar duas vezes ou nos comportamos de maneira destrutiva para expressar nosso descontentamento. Quando uma figura "parental" nos pede para fazer algo no trabalho, não negamos na hora, mas cumprimos a tarefa no nosso próprio tempo ou com a qualidade que achamos suficiente, ou então como acreditamos ser melhor, embora não siga o que foi pedido.

RECONHECENDO SUA PRÓPRIA PASSIVIDADE

Você se reconhece em algum desses comportamentos passivos?

Talvez você tenha feito promessas demais no trabalho para evitar desagradar ou para tentar agradar a alguém. Ou, talvez, costume recorrer à procrastinação para reivindicar certa sensação de controle diante das pressões avassaladoras de obedecer — sejam elas do presente *ou* do passado.

Se faz isso, encoraje-se com a ideia de que o comportamento passivo tem mais chances de provocar uma reação negativa do que a verdade que ele tenta encobrir. A passividade e suas consequências são o que realmente vai decepcionar os outros ou transmitir desrespeito. É essa a parte que leva o agradador a ser rejeitado e faz com que se realize sua eterna profecia de que nada que ele faz é bom o suficiente.

Se você se reconhece como um agradador no trabalho, permita-se o seguinte: não resista, não importa o que for fazer. Trabalhe horas extras se estiver disposto, independentemente de quaisquer outras expectativas. Peça tudo aquilo de que precisa, abandonando o esforço de agradar ao qual você tanto se dedicou, e se prepare para o conflito e o compromisso. Suportar o conflito para ser autêntico e ter um resultado real significativo: essa é a arte de desagradar pelos motivos certos e o caminho para agradar a si mesmo.

Embora possa ser difícil desagradar aos outros no trabalho, pelo menos assim podemos retomar nossa posição profissional a fim de não levar tanto as coisas para o lado pessoal. O que pode ser mais difícil de suportar é quando temos que desagradar aos próprios filhos.

Agradar aos filhos

Agradar quando se é pai ou mãe é algo que começa antes mesmo de o bebê nascer. Quando viramos pais, podemos nos ver entrando em uma nova arena de julgamento que não conhecíamos.

Durante a gravidez, a pressão por agradar acontece em um palco bastante público. Nos últimos estágios da minha primeira gestação, eu descia a rua e estranhos se aproximavam de mim com os braços estendidos para colocar a mão na minha barriga e opinar se achavam que estava "bonita", "enorme" ou "redondinha". Eu ouvia suas histórias assustadoras de parto e concordava com a cabeça enquanto distribuíam conselhos sobre o parto, cansada demais àquela altura para resistir ou proteger o que restava da minha privacidade.

Decidi descobrir o sexo de meu bebê, como minha mãe havia feito comigo, e adorava poder imaginar a pessoa que viria a conhecer. No entanto, logo ficou claro que essa não era a norma para todos e, com muita frequência, minha decisão de saber se seria menina ou menino era recebida com um olhar de piedade e decepção. Aparentemente, eu estava estragando a surpresa. No entanto, eu pensava que dar à luz um bebê e ser responsável por sua sobrevivência depois seriam surpresas mais do que suficientes. No dia do ultrassom de vinte semanas, fui abordada por uma colega enquanto saía do escritório:

"E aí? Você vai querer saber o sexo?", ela perguntou, incisiva.

Eu já sabia o que viria depois.

"Nossa! Sério?", ela disse, parecendo completamente perplexa quando respondi. "Nem consigo imaginar querer saber! Aquele momento mágico em que você está no parto e precisa fazer uma última forcinha para conhecer seu bebê e descobrir se é menino ou menina... é a surpresa mais maravilhosa da natureza! Eu não gostaria que *ninguém* perdesse esse momento."

Ela me parou enquanto eu passava pela mesa dela no dia seguinte.

"*E aííííí*, é menino ou menina?"

Nessa ocasião, o potencial de desagradar valeu a satisfação presunçosa que senti ao responder: "Ah, não se preocupe, sei como você gosta da surpresa, então decidi não contar para você".

NÃO AGRADAR AOS OUTROS PAIS

Sentir que você desagrada aos outros pais enquanto pai/mãe é terrível: é como se não estivesse à altura da tarefa ou estivesse fazendo péssimas escolhas que vão prejudicar seu recém-nascido para sempre. E são tantas as decisões a tomar, todas dotadas de uma importância monumental e controladas por juízes autoproclamados, ansiosos para declarar suas experiências individuais como regra geral e "o melhor para o bebê". Amamentar ou não (você deve), voltar a trabalhar ou não (você não deve), alimentar com papinha pronta ou não (apenas em situações de emergência, se seu freezer descongelou e você teve de dar as comidas saudáveis para o cachorro — mas, mesmo assim, leva apenas dez minutos para fazer uma papinha, então não tem muita desculpa, né?). Quando você tem um bebê, é fácil sentir que você está fazendo tudo errado.

JAI

Jai era uma mãe de primeira viagem. Ela chegou à terapia com um diagnóstico de depressão pós-parto quando sua bebê tinha três meses. O parto de Aalia fora traumático para as duas e Jai sofria com pensamentos intrusivos e flashbacks.

Aalia vinha às sessões com a mãe, normalmente dormindo em uma cadeirinha de carro que Jai balançava suavemente com o pé. Ela observava a bebê, pensativa, enquanto falava. "Dia desses, eu estava no banho", ela me disse, "e me peguei pensando se não seria melhor para todos se eu tivesse morrido na sala de cirurgia. Meu marido poderia ter dado a Aalia uma vida boa sem que eu fizesse merda... e ela não teria me conhecido, então não teria como sentir minha falta."

Jai me contou que, alguns dias antes, o marido levara a filha para passear no carrinho enquanto ela tentava botar o sono em dia. Aalia havia acordado do cochilo cedo demais e começado a chorar enquanto seu corpo cansado se esforçava para voltar a dormir. Uma moça que passava havia parado para comentar com seu companheiro, em voz alta e tom de crítica: "Pobrezinha! Francamente, cadê a mãe dela?".

O marido de Jai relatou incrédulo o comentário da enxerida, mas essa foi a gota d'água para Jai, que já sentia que estava falhando como mãe. Seu marido tentou persuadi-la de que não valia a pena se preocupar com isso, mas, sem dormir direito por meses, e tendo dado seu máximo para descobrir como cuidar daquele bebezinho, Jai se viu tendo pensamentos sombrios. Contou ao marido e marcou uma consulta de urgência com seu clínico geral.

A depressão é um risco para os Resistentes em momentos como esse, quando sua armadura não é tão robusta e eles não conseguem rejeitar as pressões de agradar como conseguiriam em situações normais. No fim, Jai não aguentava mais se sentir julgada — pelos assistentes de saúde que vinham dia sim, dia não; pelas mães de rosto corado que não tinham dificuldade para amamentar seus bebês; pela sogra cujos filhos, todos eles, haviam passado a dormir a noite toda desde as seis semanas de vida (era o que ela dizia). Jai se sentia perdida em um mar de desaprovação e pensava que nada que fizesse seria bom o bastante. Começara a se afastar do mundo e de Aalia, entregando o bebê às visitas para ter um tempo preparando o chá na cozinha e encontrando maneiras de ficar sozinha sempre que podia.

Jai me contou que, antes de virar mãe, nunca havia se incomodado quando os outros não concordavam com suas escolhas. Como chefe de um serviço de atendimento ao cliente, estava acostumada a receber críticas e a tomar decisões impopulares, e sempre se sentiu a dissidente da família. Sobreviveu como uma Resistente e se sentir julgada não era nada de novo, mas passou a notar que o sentimento de desagradar como mãe era algo completamente diferente. Como todos os pais de primeira viagem, estava aprendendo na prática; porém, com gerações de mulheres que já eram mães e opiniões de "especialistas" vindas de todos os lados, sentia-se dominada pelo julgamento deles e sob uma pressão descomunal de “acertar”. Defender-se das críticas constantes que sofria por suas escolhas como mãe estava minando sua confiança em sua capacidade de cuidar da filha. Agora que não podia simplesmente *não* dar bola, seus comportamentos de Resistente eram inúteis e a deixaram indefesa na linha de fogo. O comentário da mulher na rua tinha, naquele momento, representado todas essas críticas, tudo o que Jai não estava conseguindo fazer certo, por Aalia e por todos os outros.

Enquanto embalava a cadeirinha com o pé, ela disse: “Talvez aquela mulher tivesse razão... Eu deveria estar lá. Sou a mãe dela, não sou? Eu deveria estar lá. Por exemplo, olhe, nem isso estou fazendo certo, não é? Se fosse uma boa mãe, estaria com ela no colo agora, mas ela está amarrada em um bebê-conforto apoiado no chão, coitadinha. Tenho pena dela por ter uma mãe como eu”.

Olhei para Aalia, que respirava tranquilamente, e olhei para Jai, concentrada em sua bebezinha, embalando-a com carinho e fazendo o que podia por ela naquele momento, dando-lhe o que tinha a oferecer e se abrindo para mim com coragem, na esperança de que as coisas pudessem melhorar. Aalia se agitou e Jai a tranquilizou com suavidade. Viríamos a descobrir juntas que, em um momento do passado de Jai, houve alguém que nunca havia lhe dado a atenção que ela estava dando a Aalia.

“Quer saber? Acredito que isso é tudo de que ela precisa agora”, eu disse, “e o que você já está fazendo é perfeitamente bom o bastante. *Você* é boa o suficiente.”

A SENSIBILIDADE DOS PAIS

Mesmo que em geral você não sinta a pressão de agradar aos outros, ainda pode se surpreender ao notar como fica exposta durante a gravidez e a criação de filhos pequenos. À medida que sua barriga cresce, você fica fisicamente mais visível do que nunca e chama mais atenção do que o normal. Ou talvez, assim como Jai, você seja alguém que aguenta bem as opiniões dos outros mas, quando essas opiniões são dadas sobre seu bebê, você sinta a força total do ataque.

Se existe um momento para se dar permissão plena de apenas agradar a si mesma, é quando você está grávida ou tem um filho pequeno. A maioria dos pais de primeira viagem está simplesmente fazendo o possível para sobreviver à noite, e a opinião dos outros muitas vezes tem mais a ver com a narrativa deles do que com a sua. Não os deixe pensar que eles têm o direito de comentar, ou que precisam saber. Você tem um bebê agora e já foi um bebê no passado; trate-o com a compaixão e a proteção que vocês dois merecem.

AGRADADORES E TRAUMAS

Mesmo que você tenha uma gestação "tranquila" e um parto sem complicações, ainda é preciso se ajustar a uma enormidade de coisas enquanto se acostuma com a vida de mãe de primeira viagem, com todas as incertezas e primeiras experiências que isso representa.

Se para você, assim como para muitas mulheres, a gravidez não é nenhum mar de rosas, ou se você sair do hospital sentindo que foi atropelada — com uma criaturinha de quem cuidar, em vez de receber cuidado vinte e quatro horas por dia e uma convalescência de frente para o mar como seria merecido depois do trauma —, certamente haverá uma longa jornada de recuperação pela frente.

Na verdade, dificilmente você fará essa jornada de recuperação, por causa da mencionada criaturinha que está tentando manter viva, ou por causa dos outros filhos que você talvez já tenha, do seu companheiro e de todas as obrigações que insistem que o show não pode parar.

A pessoa que busca agradar não consegue fazer jornada nenhuma de recuperação, porque raramente isso é sua própria prioridade, tendo ou não um bebê. Isso acontece se você tiver sofrido um aborto, tentado uma fertilização in vitro ou uma gravidez que nunca se concretizou. Acontece se você é o companheiro de alguém que passa por uma dessas experiências. Acontece se você já foi esse bebê, equilibrado no colo de alguém que estava sofrendo pelo choque da sua chegada. Todos temos traumas em algum lugar do passado, e nunca é tarde demais para voltar e dar um passo nessa jornada de recuperação.

RE-RECUPERAÇÃO

Pare um momento para imaginar como você era na época de algum momento doloroso ou traumático.

Você sabe do que precisava?

Se entrar em contato com seus sentimentos
antigos e perceber do que precisava na época,
prometa a si mesmo que vai honrar essa jornada
de recuperação agora. Priorize seu autocuidado,

reforce sua autocompaixão, dê-se tempo e espaço
para descansar e processar sua experiência e deixe
que o peso dela se assente sobre você.

Pode ser que você alimente sentimentos
de arrependimento ou decepção, raiva ou medo.
São reações normais a situações anormais, são os
ingredientes do luto e, se pudermos nos permitir
parar e sentir essas coisas por um tempo, eles
devem passar e poderemos seguir nosso caminho
— não necessariamente curados, mas um pouco
menos machucados, e com uma compreensão
nova que pode nos ajudar a seguir em frente.

AGRADAR AOS FILHOS

Agradar a uma criança pequena pode ser glorioso. As risadinhas descontroladas; as mãozinhas suadas apertando nossas bochechas enquanto eles enchem nosso rosto de beijos; o hálito doce e quente deles enquanto dormem profundamente ao nosso lado de manhãzinha; a sensação de que somos tudo o que importa para eles naquele momento. No entanto, sentir-se rejeitado por um filho é de partir o coração, quer seja uma criança de colo que berra quando damos o copo da cor errada ou o adolescente que nos detesta simplesmente pelo modo como respiramos. Mas estar disposto a desagradar aos filhos é um dos maiores presentes que podemos dar a eles. Temos oportunidade de dar um campo de teste seguro para os experimentos deles, de oferecer uma reação genuína e lhes proporcionar dados valiosos sobre como eles afetam os outros. Isso tudo em um ambiente de amor incondicional. Como pais, precisamos libertar nossos filhos do peso de nos agradar e precisamos nos libertar para sermos desagradáveis com eles.

Claro, eles podem não nos agradecer por isso. Pode ser mais agradável para eles, e talvez para você, se você reagir de maneira positiva a todas as atitudes deles, atendendo a todos os caprichos e ignorando quando se comportam de maneira antissocial. Eles podem gostar mais de você por isso agora. É comum ouvirmos pais dizerem com alegria: “Somos grandes amigos!” — querendo dizer: meu filho gosta de mim, ele escolhe ficar comigo e me quer por perto. No entanto, existe uma falha de design na procriação. As crianças são feitas para superar os pais, mas os pais não são feitos para superar os filhos. Ter um filho que sempre quer você por perto é uma maneira de contornar esse dilema. Mas a custo de quê? Que você endosse o argumento de que seu filho nunca faz nada de errado, que é sempre culpa de outra pessoa e que ele tem o direito de fazer tudo o que quer?

É vital dar uma base de autoestima para os filhos, ensinando-os por meio de atitudes de amor e validação que eles são valiosos como são. Mas é de uma irresponsabilidade profunda priorizar a *sua* necessidade de ser amado como pai ou mãe em vez da necessidade *deles* de segurança e proteção. Se você não ensina seus filhos que as ações têm consequências, o mundo com certeza vai ensinar. E o mundo não será um professor tão bonzinho.

QUANDO OS PAIS SE SEPARAM

Quando os pais se separam, os riscos podem parecer ainda mais altos. Até quando está claro que o relacionamento acabou, é compreensível que muitos pais se agarrem à esperança de que podem continuar juntos pelos filhos e poupá-los de um caminho doloroso de sofrimento e perda. Uma paciente minha estava arrasada de culpa por finalmente botar o marido para correr após anos de comportamento agressivo. Mesmo depois de ir embora, ele continuou a se comportar mal; era ciumento e paranoico e a seguia para ver se ela estava com outro homem, ou invadia a casa dela no meio da noite. Esse homem não via os filhos nem pagava pensão, e contraiu dívidas no cartão de crédito da conta conjunta deles até que, depois de um tempo, os oficiais de justiça vieram à casa dela para cobrar. Quando conversamos sobre por que ela não pedia o divórcio para resolver a questão de uma vez por todas, ela me disse que tinha pavor de que os filhos a odiassem quando crescessem. Em suas piores fantasias, seu marido se mataria e os filhos a culpariam pela morte dele. Ela tinha a esperança um tanto ingênua de que poderia tolerar o mau comportamento dele e desistir de sua própria felicidade para não abalar os filhos mais do que eles já estavam abalados. Seus amigos haviam tentado tranquilizá-la com chavões vazios, de que as crianças entenderiam com o tempo e que sempre a amariam, independentemente do que acontecesse. Isso não estava dando frutos e precisei tentar outra tática, mais dura de ouvir, porém mais autêntica. "E se eles culparem você?", perguntei. "Isso é motivo para se manter presa nessa situação tóxica? Não cabe a eles saber o que é certo, afinal, eles são apenas crianças. Talvez precisem que a mãe saiba o que é melhor para eles."

Não peça a seus filhos que saibam o que é melhor para eles. Ainda que reclamem, as crianças precisam que você saiba o que é melhor. Elas precisam ir contra você até atingirem algo sólido para se sentirem protegidas. Sem uma muralha para xingar e onde se apoiar, elas têm de continuar buscando limites, sem conseguirem ter o desenvolvimento produtivo que só pode ocorrer quando são contidas de maneira segura por algo maior, mais velho e mais sábio que elas. Precisam de limites claros, ainda que nem sempre gostem que você imponha esses limites.

SEJA SINCERO

Pode ser que você diga “sim” para evitar o drama. Esse é um problema seu, e são grandes as chances de estar treinando seus filhos a usarem o drama como meio de conseguir o que querem. Talvez a resposta seja “não”, mas você não quer desagradá-los, então ignora o comportamento deles ou dá broncas mais leves, ou então diz “sim” sob a pressão do momento, mas estoura com eles depois.

Talvez você diga “não” porque tem medo de perder o controle ou teme que, se der a mão, eles vão querer o braço e você vai abrir um precedente ou criar problemas para mais tarde. Essas ideias nos levam a crer que existe uma maneira “certa” de fazer as coisas. Não há uma forma correta e nada disso funciona com perfeição, mas está tudo bem, porque é para ser mesmo um processo de tentativa e erro e vai ser diferente para cada pessoa. Se houvesse um único modo certo, a essa altura todos já estaríamos fazendo desse jeito.

Se você não quer dizer “não” de verdade e apenas pensa que *deve* dizer “não”, seu argumento vai ruir diante do interrogatório deles. Você vai ceder sob a pressão ou suas mensagens vão se tornar incongruentes e provocar uma nova rodada de testes. Se a resposta for um “não” genuíno e apropriado, vai ser mais fácil de manter.

Se seu filho pedir sorvete, você negar por um bom motivo, mas apenas revirar os olhos quando ele sorrir para você e pegar o sorvete mesmo assim, seja honesto consigo mesmo sobre o que está ensinando a ele. Ensinar seus filhos a ignorar uma autoridade ou manipular um sistema para conseguir o que querem vai lhes causar problemas mais adiante na vida, e eles precisam que você assuma a responsabilidade por esse fato. Não podem fazer isso por si próprios. Sei que não é fácil se manter firme às vezes e me lembro de uma conversa que tive com minha filha, na época com quatro anos. Ela queria que fôssemos a um lugar, mas não estava me dando ouvidos até então. "Bom", comecei, "isso vai depender do comportamento de uma certa pessoinha daqui para a frente." Ela parou para pensar por um momento antes de responder: "Você está linda hoje".

VISÃO DO PASSADO, DO PRESENTE E DO FUTURO

Se treinou seus filhos para ignorarem o que você diz, pode retreiná-los sendo firme, mas primeiro precisa identificar onde seus limites são fracos. Em termos gerais, podemos começar esse processo de mudança de comportamento olhando em retrospectiva o que *fizemos* — "Hoje de manhã eu acatei algo quando na verdade queria negar". Em seguida, podemos notar com a visão do presente o que *estamos fazendo* agora — "Estou dizendo 'sim' de novo quando deveria dizer 'não'". Depois, podemos notar com a visão do futuro, antes do drama, o que *vamos fazer* — "Esta é uma daquelas situações em que costumo sentir culpa por ter de trabalhar, então compenso deixando que eles joguem no computador, embora seja hora de dormir... Bom, agora que sei disso, posso pensar melhor nas minhas opções com antecedência e decidir o que é mais aconselhável". Para esclarecer, limites coerentes são o que seu filho realmente busca quando testa você. Estabeleça-os o quanto antes. Alguns de meus pacientes são filhos crescidos de pais que buscavam agradar, e ainda buscam algo sólido, décadas depois.

O MAL DA INDIFERENÇA

O mesmo princípio se aplica a adolescentes, embora essa fase de rebeldia possa parecer mais perigosa. Em termos neurológicos, os adolescentes são um pouco como crianças de colo gigantes: também passam por um período drástico de desenvolvimento cerebral, mas com os recursos para se meter em situações mais delicadas, com consequências igualmente complicadas. Educar adolescentes pode ser um desafio, e sem dúvida há momentos de conflito e dificuldade para pais e filhos. Às vezes, de forma inconsciente, os pais podem buscar corrigir os erros de sua infância na forma como criam os filhos; e, por medo de controlar demais, por exemplo, pais que buscam agradar acabam controlando de menos. Na ausência de limites, os filhos podem sentir que houve falta de cuidado, e essa indiferença que eles inferem que houve causa um estrago. Regras não fundamentadas são igualmente prejudiciais nesse momento, porém o cérebro adolescente precisa de orientação, pois ainda não está conectado.

Yasmin queria que sua mãe se importasse o suficiente para impor os limites de que ela precisava para se proteger, só não sabia disso.

Quando me procurou, Yasmin tinha dezessete anos e sua mãe estava com os nervos à flor da pele. A menina matava aulas regularmente e estava ameaçando abandonar os estudos. Sua mãe me disse que amava Yasmin, mas não sabia como ajudá-la; havia tentado de tudo e estava agora no limite de sua paciência.

O pai de Yasmin era um homem violento e, depois que seus pais se separaram, ela dividiu um quarto com a mãe em um apartamento minúsculo em cima de uma loja. Faziam tudo juntas e pareciam mais amigas do que mãe e filha. Tudo havia mudado quando sua mãe conheceu seu padrasto. De repente, Yasmin tinha o próprio quarto numa casa nova e não demorou muito para sua meia-irmã chegar.

O tempo passou e Yasmin começou a se retrair. Ela me contou que lembrava de se sentir como um peixe fora d'água na família. Aos treze, tinha "ataques de fúria", segundo a mãe, e batia a porta do quarto. Seu padrasto subia atrás dela e a obrigava a voltar, mas a mãe dizia a ele para deixá-la em paz e se acalmar. Então a menina ficava no quarto, ouvindo os três conversando à mesa no andar de baixo, ouvindo os risos e o barulho de talheres no jantar de família sem ela. Ninguém nunca veio ver se ela estava bem e, depois de um tempo, ela passou a manter estoques de comida no quarto para que quase nunca tivesse de descer.

Assim passaram a ser as coisas. Yasmin desafiava os pais e a mãe balançava a cabeça e dizia: "Não sei o que fazer com você, Yasmin, estou perdida". À noite, Yasmin ficava deitada na cama e chorava até pegar no sono, torcendo para a mãe ouvir e vir perguntar o que havia de errado. A anorexia que desenvolveu não foi uma decisão consciente, mas uma maneira de Yasmin tornar sua dor visível; a adolescente foi ficando mais e mais magra e sua mãe olhava para ela intrigada, mas, quando Yasmin falava para a mãe parar de olhar, ela obedecia. Nunca perguntou o que estava errado e nunca tentou fazê-la comer.

Quando Yasmin começou a trabalhar como garçonete em um hotel da cidade, foi em parte porque o emprego lhe proporcionou uma família substituta. O gerente era carinhoso e afetuoso e lhe servia um lugar à mesa dos funcionários depois que o turno do jantar acabava. Esses foram alguns dos momentos mais felizes de Yasmin — ela havia encontrado um conjunto de pais e irmãos substitutos que se interessavam por ela e lhe davam atenção. Era um contraste tão grande com sua casa que Yasmin nunca queria voltar depois do fim do turno.

Algumas das meninas do hotel dividiam um apartamento e a convidaram para dormir no sofá sempre que ela quisesse. Com o tempo, as únicas vezes em que Yasmin passava em casa era para buscar suas coisas ou ver a irmã mais nova. Sua mãe ficava na cozinha puxando conversa enquanto Yasmin ajudava a irmã com a lição de casa, mas os assuntos nunca se aprofundavam.

Sua mãe participou de nossas últimas sessões conjuntas e Yasmin conseguiu falar para ela o que havia me dito. A mãe ficou devastada ao ouvir que Yasmin pensava que ela não se importava. Contou que não queria chatear Yasmin ou piorar a situação; por isso, nunca havia insistido. Achava que estava fazendo a coisa certa deixando Yasmin em paz; dissera a si mesma que era apenas uma fase de adolescente e que

Yasmin cairia em si. Por muitas vezes, tinha pensado em ir ao hotel para pedir que a filha voltasse para casa, mas havia se segurado porque achava que isso começaria outra briga. A verdade era que sua mãe desde sempre teve medo do conflito, até com a própria filha. Era como tinha sido criada e isso transparecia na forma como criou as filhas.

Yasmin precisava saber que sua mãe se importava com ela o bastante para impor limites e protegê-la. Sua mãe era uma Pacificadora e tentava manter a paz deixando Yasmin quieta trancada no quarto, mas, quando era criança, Yasmin não havia encontrado uma forma de sair de lá sozinha. Precisara de alguém maior e mais experiente para entrar e tirá-la de lá. Precisara saber que seus sentimentos não eram perigosos e que ela não carecia ser deixada sozinha até se acalmar. Precisara de um abraço da mãe e da garantia de que estava tudo bem, que ela não faria mal para a mãe, que seus sentimentos eram normais e que sua mãe daria conta deles. Yasmin precisara de alguns limites para ajudá-la a se sentir contida em algo seguro. Em vez disso, sua mãe havia recuado e olhado para o outro lado.

IMPORTE-SE O BASTANTE PARA DIZER "NÃO"

Se você agrada a seus filhos como um Pacificador ou qualquer outro perfil de agradador, pode passar a impressão errada para eles. Pode fazer com que eles pensem que você não se importa o suficiente para impor um limite adequado, para dizer "não" ou para se envolver em um conflito de maneira corajosa e sincera. A mãe de Yasmin havia tentado agradar à filha ignorando seu comportamento difícil, fazendo o que ela pedia e aceitando o que dizia, mas nisso havia falhado com a filha.

Lembro de atender uma adolescente que me disse ter voltado para casa um dia e, após uma discussão acalorada com os pais sobre o comportamento dela, eles confiscarem seu celular por uma semana. Na hora, ela gritou que os odiava, mas depois percebeu que foi um alívio inesperado. Por uma semana, ela pôde dizer para os amigos que seus pais malvados não deixavam que ela usasse o celular e, por uma semana, não se sentiu presa em uma espiral tóxica de mensagens depois da aula com meninas que eram maldosas e sarcásticas. A adolescente não precisou dizer "não" porque seus pais haviam feito isso por ela; eles sabiam o que era melhor para a filha. Lembro que, quando eu era criança, todos os conflitos que surgiam na escola acabavam ao final da aula. Trancados dentro dos portões da escola até o dia seguinte, havia um tempo de respiro e os conflitos podiam ser vistos sob outra luz na manhã seguinte, com uma boa dose de perspectiva. Hoje os smartphones nos bolsos de todos os jovens tiraram essa interrupção natural do drama da puberdade, e o drama continua, até se intensifica, da noite para o dia. O jovem pode precisar que os pais o ajudem a se desligar do tumulto dos relacionamentos adolescentes de tempos em tempos, mesmo que não lhes agradeça por isso. Essa adolescente em particular havia precisado que os pais corressem o risco de desagradá-la por um tempo; eles até deixaram que a filha os retratasse como vilões na história para manter as aparências na escola. A disposição deles de desagradar permitiu que a menina se regulasse no espaço seguro dos limites criados para ela.

Lembre-se de que seus filhos terão muitos amigos, mas apenas vocês como pais. Sejam pais. Isso significa impor limites — não onde eles existiram para você ou onde a sociedade diz que devem estar, mas onde (muitas vezes por meio de negociações) você encontra um lugar em que você e seus filhos conseguem se manter de maneira confortável.

CRIAR OS FILHOS NO PRESENTE

Como você se sente quando diz "não" a seus filhos?

Pode ser que você não goste da sensação de quando diz "não", por isso faz outra coisa no lugar: diz "sim" a tudo ou os engana com um "talvez mais tarde". Pode ser que você se sinta malvado se disser "não", que tenha medo de que eles não gostem de você ou queira dar a eles o que você nunca teve.

É nossa função rever nossos limites para conseguirmos criar nossos filhos no presente, não no passado nem num futuro imaginado. Precisamos dizer "sim" quando é conveniente e dizer "não" sinceramente quando for o caso de "não".

Se nos sentirmos culpados ou nervosos como consequência, é nossa tarefa ser responsáveis por resolver esses sentimentos e atender às necessidades que eles comunicam. Não podemos atender a nossas antigas necessidades passando mensagens confusas para nossos filhos.

Pense como era na sua infância.

O que você podia fazer? O que era proibido ou não estava disponível? Talvez exista algo de que você precisava, de que sentia falta ou que não recebeu. Talvez você quisesse que seus pais tivessem lhe dado mais liberdade ou, pelo contrário, oferecido mais proteção. Em vez de agora agir com seus filhos influenciado pelas necessidades não atendidas no seu passado, dando-lhes a liberdade ou a proteção que você queria, dê isso a si mesmo.

Se você cresceu com coisas de segunda mão ou tinha que se contentar com pouco, é possível que mime seus filhos com brinquedos e aparelhos para compensar sua experiência. Tive um paciente que era ótimo pai; havia trabalhado duro para ser bem-sucedido e confessava ter um "coração de manteiga", sempre priorizando os filhos e atendendo a todos os desejos deles. Em um Natal, ele tomou uma bela atitude consigo mesmo ao se presentear com o último Lego Millennium Falcon, em homenagem ao garotinho que, na infância, nunca tivera essas coisas e só podia sonhar com os brinquedos que as outras crianças tinham. Ele sabia dizer *sim* aos seus filhos, mas só agora estava aprendendo a dizer *sim* a si mesmo.

Volte atrás e atenda às suas necessidades antigas, se possível, para que possa atender às necessidades reais de seus filhos no presente.

DO QUE VOCÊ TEM MEDO?

Se você tem um filho adolescente e reconhece que não está à vontade com o comportamento dele, pergunte-se se há algo que você teme. O exemplo de Yasmin pode parecer mais extremo do que a maioria, mas, para muitos pais, é o medo de que o filho acabe como Yasmin que leva ao excesso de adaptação. O medo de que ele saia dos trilhos, recorra às drogas, abandone a escola ou se automutile. Como adultos, não podemos deixar de saber o que sabemos; entendemos as armadilhas e as consequências dos erros que cometemos ou vimos os outros cometer, então é natural que procuremos desviar nossos adolescentes vulneráveis dos perigos, se for possível. No entanto, a experiência deles será diferente da nossa e você pode acabar acrescentando os medos de seu contexto aos medos que eles já têm. Criar os filhos de uma perspectiva de medo não é bom para ninguém, e nosso papel não é evitar que nossos filhos errem, mas sim ensinar o valor dos erros e ajudá-los a cair com segurança.

Lembre-se de que, se seu filho adolescente não gosta de você, isso é natural — e até, em certa medida, necessário. Se ele não sentir o atrito, não terá energia para mudar a fim de se tornar um indivíduo e se lançar como um cidadão no mundo. Em essência, os adolescentes devem se rebelar, e talvez seja necessário não gostar de você por um tempo para conseguirem deixar você. Procure escutar o processo, e não o conteúdo. O conteúdo pode ser difícil de ouvir, porque às vezes parece pessoal e dirigido a você, mas o processo tem a ver com eles e com a relação mutável que têm consigo mesmos. É mais fácil buscar o sentido e a necessidade por trás das palavras quando não nos sentimos atacados pelo míssil em que elas foram lançadas. Mostre-lhes que você entende e eles vão receber o maior presente: a consciência de que podem se apartar, podem aprender com os erros e podem ser aceitos como são. É aí que reside a autoestima e a assertividade de que eles vão precisar para crescer com segurança, fora da armadilha de agradar aos outros.

TRISTEZAS E AGRADADORES

A incapacidade de tolerar a tristeza é uma das maiores forças motrizes dos agradadores. Eles não suportam decepcionar as outras pessoas, por isso concentram seus esforços em torná-las felizes e se consolam com a alegria delas. Não suportam a própria tristeza e a minimizam, se puderem: "Por que chafurdar no passado se não dá para mudar? E se eu acabar deixando os outros tristes e eles me abandonarem? E se eu começar a chorar e não conseguir parar?".

Essas pessoas podem ter tido pais que, quando as coisas davam errado, tentavam agradá-las, distraí-las ou fazer piada, repreender suas lágrimas ou buscar logo soluções. Essas estratégias só serviram para nos ensinar que não era aceitável nos sentirmos tristes, que isso deveria ser evitado a qualquer custo ou que nossa tristeza não é bem-vinda. Os pais que buscam agradar passam esse bastão para os filhos. Não queremos ser esses pais para nossos filhos, mas, se não corrigirmos isso, vamos repetir a história.

Ninguém quer se sentir triste, e é preciso ser masoquista para gostar da dor da perda ou da decepção de expectativas não atendidas, porém a tristeza é o mais inevitável dos sentimentos. Vamos perder e vamos nos decepcionar, e não há regras que possam nos proteger do caos que a tristeza traz. Porque nada dura para sempre e tudo o que começa tem fim. E, quando alguém que amamos morre ou algo que amamos chega ao fim, estamos fadados a sentir o impacto. É o impacto que nos mostra que aquilo era importante. É o sentimento que nos motiva a buscar um novo sentido na vida e nos mostra o que buscar daqui para a frente.

Se você está triste, obrigar-se a não se sentir assim não vai fazer a tristeza passar. Precisamos aprender que é aceitável estar triste e que o sentimento vai passar se deixarmos. Senão, a tristeza pode não passar e nos obrigar a entrar em vias pouco saudáveis de distração e desvio, impedindo-nos de reconhecer nossos outros sentimentos ou de perceber nossas necessidades.

Nossos filhos vão se sentir tristes e também precisam dessa permissão. Se você atender à tristeza do seu filho com uma expressão de dor ou angústia, se fizer pouco-caso do sentimento dele ou tentar alegrá-lo com bobagens, ele não vai aprender a lhe mostrar sua dor. Não é que ele não vá senti-la, mas vai ter de lidar com ela sozinho. Vai aprender que a tristeza dele é perigosa porque deixa os outros tristes, ou que não é justificada e deve ser ignorada. Ele vai se tornar bom em, controlando a própria reação, controlar a sua reação a ele — e assim nasce o agradador e mais um elo na cadeia de dependência.

Se não aguentamos quando nossos filhos se sentem tristes, podemos intensificar nossas estratégias de agradar aos outros para tentar deixá-los felizes, dizendo "sim" a tudo, arbitrando as batalhas de relacionamento deles ou forçando uma mensagem positiva quando não é o caso. Se o amigo dele o deixa fora de uma brincadeira, é natural que ele fique triste. Se ele chorar quando a festa de aniversário acabar, faz sentido. Se ele for reprovado em um exame, levar um fora ou se o bichinho de estimação morrer, precisamos abrir espaço para as lágrimas dele. A tristeza é um processo natural de cura para aceitar o caos do mundo e os altos e baixos da vida e da perda. Pais que buscam agradar podem querer que seus filhos estejam sempre felizes, mas as crianças vão crescer mais felizes se ensinarmos que também podem sobreviver à tristeza.

Trabalho com adolescentes que se automutilam como forma de dar vazão à tristeza ou que passam fome para controlar sentimentos dolorosos. Às vezes, embora nem sempre, o que eles realmente precisam é de pais que prestem atenção neles e possam acolher seus sentimentos tão assustadores, alguém em quem possam confiar para segurar sua mão e lhes fazer companhia por um tempo. Haverá momentos em que nossos filhos precisam de uma animada, uma distração ou uma solução, mas eles também precisam da garantia de que é normal ficar triste e de que a tristeza vai passar. Ver nossos filhos tristes pode ser angustiante e vamos precisar abrir espaço para nossas lágrimas também, porque dói vê-los sofrer. Talvez seja necessário haver um ombro de outra pessoa para chorarmos nesses momentos, para que possamos apoiar nossos filhos quando eles precisarem chorar no nosso. Acredito que precisamos deixar nossos filhos nos verem chorar também, não porque a tristeza nos magoa, mas porque ficar triste é uma parte normal da vida.

Recentemente, eu e meu marido levamos nossos dois filhos ao cinema para ver o novo *O Rei Leão*. Meu marido relembra que se sentou na ponta da fileira, ouvindo minha filha e eu chorarmos enquanto o rei Mufasa era derrubado pelo perverso Scar e Simba, apenas um filhote, enfrentava a vida sem o pai. Quando saímos do cinema, minha filha, segurando minha mão e agora sorridente, se virou para o irmão e disse: “Foi bem emocionante, não foi?”. Foi triste, tudo bem, passou e seguimos em frente.

Da próxima vez em que um filme ou uma música fizer você chorar, procure deixar seus filhos verem. Pode parecer incômodo no começo, mas você pode explicar que tudo bem ficar triste, que isso só mostra que nos importamos com as coisas. Ver você se sentir triste e sobreviver vai lhes oferecer o modelo de que precisam para fazer o mesmo. Você pode não agradar, mas vai educar seus filhos — e é disso que eles mais precisam.

SERMOS NOSSOS PRÓPRIOS PAIS DIANTE DA PERDA

A tristeza é a reação natural à perda, e a maneira como respondemos à tristeza agora nos mostra algo sobre como vivenciamos a perda no passado. Às vezes peço aos pacientes que têm dificuldade em ficar tristes para pensar em sua memória de perda mais antiga e ver do que conseguem se lembrar. Isso me dá uma pista sobre qual será nosso trabalho, em termos de guiá-los gentilmente para olhar por trás de suas defesas e aceitar a perda de uma forma que os liberte para viver de maneira mais corajosa e autêntica no futuro. "Chafurdar" na tristeza não ajuda, mas tampouco ajuda seguir em frente rápido demais, sem dar espaço ao sentimento, aceitar a perda e encontrar um sentido.

Se você se lembra de sua perda mais antiga, talvez ainda possa recordar como se sentiu e o que foi incentivado a fazer.

Pode ter sido a morte de um avô ou de um animal de estimação, o rompimento de uma amizade; talvez você tenha mudado de casa ou trocado de escola ou, então, pode ter sido a perda de um objeto querido. É possível que você tenha sido incentivado a deixar isso para trás o quanto antes e a seguir em frente. Talvez não parecesse aceitável falar sobre o assunto ou, talvez, você visse que falar entristecia as pessoas ao redor.

Agora imagine que você recebeu uma mensagem diferente que dizia: "Tudo bem ficar triste. Vou ficar do seu lado enquanto você estiver assim. Leve o tempo que precisar. Vai passar. Você vai ficar bem". Se você não teve isso no passado, pode se dar a permissão e a segurança de sofrer agora, e esse é um presente que você pode oferecer aos seus filhos.

Não queremos que nossos filhos fiquem tristes, mas isso não significa que eles não vão ficar tristes. E não cabe a eles lidar com isso sozinhos ou controlar nossas reações por nós. Talvez tenha sido isso o que aconteceu com você, se teve de controlar os sentimentos de seus pais por eles. Esse pode ser um dos motivos pelos quais você tenta agradar aos outros hoje.

Agradar em ocasiões especiais

Para os agradadores, o verdadeiro sentido do Natal são gastos, preparativos e estresses, e só choramos em nosso casamento porque estamos muito felizes que o planejamento tenha acabado. Ocasiões que gostaríamos de tornar especiais vêm carregadas de expectativas e de oportunidades que podem ser decepcionantes.

O Natal é tempo de fazer o bem, é o que ouvimos. Um tempo de tradição — que, conforme eu li recentemente, pode ser definida como pressão de gente que já morreu. Sejam quais forem suas tradições familiares, você deve ter sentido a pressão dessa época, com o aumento das expectativas e a intensificação de emoções. Propagandas sentimentais de lojas de departamento começam a conspiração semanas antes, vendendo uma visão doce de retorno ao lar e de harmonia. Alguns agradadores adoram o Natal ou, pelo menos, a ideia dele. A data oferece a oportunidade perfeita para agradar, mas muitas vezes fica aquém do que se espera na vida real. Postagens no Instagram com presentes artesanais — que custam uma fortuna para criar e não saem como o esperado. Uma imagem linda de pijamas na manhã perfeita de Natal — que nunca corresponde à fantasia. Ou a festa de

Ano-Novo planejada em detalhes — que se transforma em estresse e anticlímax.

O Natal oferece um momento de reflexão, de colocar a vida no microscópio e compará-la com o que vemos no Facebook. Um momento de prestar mais atenção do que nunca nas lacunas de nossa felicidade ou nas pessoas que não estão mais neste mundo. O Natal nos mostra com uma precisão inescapável que o tempo está passando. E, quando começamos a contar os natais, não há como evitar: percebemos que a vida é breve, especialmente se faltam poucos natais para os filhos saírem de casa ou para os pais falecerem. Junte isso com a noção de que essa é (segundo dizem) a época mais maravilhosa do ano, e o mal está feito. O Natal deve ser mágico, e assim somos deixados com a tarefa monumental de ser tudo para todos, de estar em vários lugares ao mesmo tempo, com orçamentos limitados e alegria infinita. Para os agradadores, o Natal é uma grande armadilha.

Se você reconhece a frustração desse período, o problema talvez não seja o Natal; pode ser que as expectativas que você tem de si mesmo o impeçam de aproveitar essa data como ela realmente é: apenas mais um dia imperfeito para agradar a si mesmo.

DENISE

A primeira sessão de terapia após as festas de fim de ano é sempre interessante. Pessoas que saíram para as férias com grandes esperanças de que esse Natal seria diferente voltam para contar a história real. Denise era uma delas.

Quando chegou, ela estava com uma cara péssima e me contou que estava de cama desde o dia seguinte ao Natal. Dezembro não havia corrido exatamente como o planejado, e suas boas intenções de um Natal tranquilo tinham sido deixadas para trás pelas expectativas de sua família. Como sempre, ela havia se exaurido nas semanas anteriores, comprando e embalando os presentes perfeitos, virando noites para refazer listas de afazeres e assar fornadas de seus famosos enroladinhos de salsicha. Quando o Natal chegou, fez o papel da anfitriã perfeita e trabalhou não apenas em uma, mas em duas elaboradas ceias, em dias consecutivos, servindo os pratos preferidos de todo o mundo em mesas com uma decoração tão linda que era digna de capa de revista.

Depois que os últimos convidados foram embora, Denise foi para a cama. Completamente esgotada, ficou lá por dias e, enquanto convalescia, refletiu sobre o que acabara de acontecer, como fizera aquilo consigo mesma. Não se tratava de criar o Natal perfeito, ela percebeu, por mais que dissesse a si mesma que tinha feito aquilo para que todos se sentissem especiais. Era a Pacificadora dentro dela que não suportava ver as rachaduras de sua família expostas em um momento que lhe era vendido como celebração de amor e união. Na realidade, as rachaduras sempre estiveram lá. Seus pais haviam se divorciado quando Denise era criança, e durante a maior parte da infância ela alternava o Natal obedientemente entre duas casas. Ela era a cola que mantinha sua família unida em ocasiões especiais e se esforçava para torná-las perfeitas, a qualquer custo.

Depois que terminou de me contar o que acontecera, inspirou fundo e sorriu. "Enfim", ela disse, "pelo menos ainda falta um ano para o próximo."

Eu tinha más notícias para Denise. Em vez de deixar isso para trás, agora era o momento de destrinchar seu comportamento de agradar às pessoas e usar essa tristeza recente para guiá-la em direção a algo melhor no futuro.

NÃO SE ESQUEÇA DO QUE ISSO SIGNIFICA

Quando algo dá errado ou certo, podemos aprender com a situação, se nos dermos a chance de refletir. Denise estava tão aliviada que o Natal ficara para trás que estava prestes a não pensar no significado de seu tormento e até considerando a possibilidade de uma repetição no ano seguinte. A realidade é que, para a pessoa que busca sempre agradar, o Natal começa lá pelo fim de setembro, quando se ouvem os primeiros planos e expectativas das pessoas, e só acaba de verdade por volta do fim de janeiro, quando ela se recupera das exigências de ser festiva e guarda suas decepções junto com a decoração de fim de ano. Essa é uma parte tão grande do ano que merece nossa atenção, e com antecedência. Quando se trata de ocasiões especiais, são nossos padrões implícitos de agradadores que nos preparam para o fracasso. Se você entender isso o quanto antes, terá recursos para se agradar e conseguir um resultado melhor. Não fique tentado, como Denise, a ignorar a questão até os enfeites voltarem a aparecer nas lojas e as propagandas ressurgirem na televisão.

NATAL POR ENCOMENDA

Pense no seu último Natal ou em um feriado tradicional para você. Tente se lembrar de como foi, o que funcionou bem para você ou não.

Talvez tenha sido estressante ou exaustivo, como foi para Denise, e você consiga se identificar com algumas das pressões que vêm junto com a ideia de criar a ocasião “perfeita”.

Se consegue reconhecer que há partes do Natal que não funcionam para você, pergunte-se: por que faz essas coisas? Quais são as regras de Natal em seu código? Talvez sua família ainda espere que todos se reúnam, mesmo que não exista mais uma unidade familiar original, ou talvez haja uma pressão para que as festas sejam da forma como sempre foram, mesmo quando o tempo é curto e isso soa como uma obrigação chata. Talvez esperem que você cubra todas as discordâncias com purpurina e deixe sua autenticidade de lado, ou que sacrifique suas necessidades para atender às dos outros.

Agora pense em como gostaria de se sentir.

Se pudesse ter uma varinha mágica, como seria seu Natal?

Em vez de grandes confraternizações, talvez você preferisse ter um tempo com seu núcleo familiar direto ou seus amigos próximos. Em vez dos tradicionais perus de Natal com todos aqueles acompanhamentos, você adoraria comer outra coisa? Está cansado de embalar presentes que ninguém quer? Não precisa ser imaginário — você pode preparar um Natal que seja bom para você. Talvez não seja perfeito, mas existem maneiras melhores de agradar a si mesmo nas festas de Natal.

Você deve ter notado que sua imaginação criou uma alternativa que é perfeitamente possível com um pouco de renegociação. Ou talvez tenha ganhado consciência de que sua lista de desejos se revelaria pouco popular — pode causar um problema para outra pessoa ou gerar uma possível reação negativa. Quando começamos a nos agradar, ameaçamos desmascarar a conspiração do Natal.

A CONSPIRAÇÃO DO NATAL

Até para famílias que ao longo do ano se dão perfeitamente bem à distância o Natal pode trazer a ideia equivocada de que todos precisam se reunir nesse momento, mesmo quando a chance de sucesso disso é pouca. Não é muito realista ter uma família de filhos adultos, com seus próprios companheiros, filhos e sogros, e, ainda assim, esperar que eles recriem sua unidade familiar original no Natal. Famílias afastadas, famílias de padrastos e madrastas, famílias estendidas, famílias dos sogros — cada uma com suas tradições diferentes e subjetivas, somadas às suas próprias ideias e convicções — podem criar nessa época do ano um coquetel inebriante de expectativas, um coquetel como nenhum outro. À espreita, há todo um setor de varejo decidido a persuadir você de que o Natal é importante e significativo e que vale a pena gastar todo seu tempo e seu dinheirinho suado nessa data. Filmes otimistas sobre festas perfeitas têm muita culpa no cartório e só nos resta pensar que fracassamos se nem todos forem para a cama no dia de Natal se sentindo abençoados, sentindo #gratidão. Dizem que todos os atritos que tivemos ao longo do ano devem ser ignorados porque não se pode brigar no Natal, e parentes sem nada em comum devem gastar seu precioso recesso do trabalho em nome de um antigo ritual familiar. As festas de Natal são obrigatórias, os amigos-secretos da firma exigem uma participação entusiasmada e os pratos dessa época precisam ser comidos aos montes. Essas são as regras socialmente aceitas do Natal e elas exigem obediência.

Resistentes atravessam essa época do ano dizendo que toda essa tradição é bobagem, mas podem acabar perdendo algumas das experiências mais positivas ao evitar tudo dessa forma. Pacificadores tentam manter todos felizes ou evitar tensões sem pensar em suas próprias necessidades, ao passo que Sombras sentem prazer em dar presentes e podem ter dificuldades para receber. Clássicos podem se esgotar aceitando convites para todas as festas e cozinhando infinitos pratos.

Todos os perfis têm algo em comum: tentam evitar a decepção. Até os Resistentes querem evitar esse sentimento doloroso, por isso desistem do Natal antes que ele possa frustrá-los. Agradar-se significa abrir espaço para a decepção, rumo a algo melhor. A mudança pode ser difícil e criar conflito, mas também pode ser o prenúncio de algo melhor. Se ninguém gosta de peru, quem sabe seja o momento de experimentar algo novo. Se você tem receio de se ver hospedado no quartinho de sua infância, reserve um hotel. Se odeia grandes festas de Réveillon em que todos são obrigados a se divertir, permita-se marcar o novo começo de uma forma que tenha a ver com você — faça anotações num diário ou passe um tempo na natureza, se isso recarrega suas energias. Somos feitos para evoluir e crescer, e a tradição não deve nos prender ao passado: deve ser uma história viva que se atualiza conosco. Crie suas tradições para quem você é hoje e deixe que elas se adaptem a você, em vez de tentar se adaptar a elas.

CULPAS E AGRADADORES

Às vezes, agradar a si mesmo significa fazer uma escolha que incomoda os outros. Para um agradador, isso pode gerar sentimentos avassaladores de culpa.

A culpa é um sentimento natural, destinado a nos alertar quando fazemos algo errado. Se fizemos, então é bastante simples; a ação que precisamos tomar é reparar o mal, pedir desculpas ou corrigir o erro. Contudo, e se nossa atitude não é errada? E quem é que decide se ela é ou não errada? Talvez sejamos apenas culpados do crime de sermos nós mesmos, de termos uma opinião diferente ou uma necessidade diferente da do outro. Chatear uma pessoa de maneira intencional ou descuidada é errado, mas chatear uma pessoa por querer algo diferente dela não é. Nesse caso, nem uma reparação nem um pedido de desculpas será o recurso correto e, por mais que tentemos agradar, nada alivia nossa culpa.

Podemos reinterpretar a culpa equivocada como uma raiva voltada contra nós mesmos. Se uma pessoa exagera em sua decepção quando lhe dizemos "não", isso não nos torna culpados por algo, mas pode muito bem ser motivo para que tenhamos raiva da reação pouco razoável dessa pessoa. Se não nos foi permitido sentir raiva na infância ou defender nossa posição, podemos não reconhecer esse sentimento agora. Em vez disso, nós voltamos essa raiva para dentro e nos sentimos culpados por dizer "não".

A pergunta crucial quando estamos nos sentindo culpados é: "Fiz algo errado?". Não é para avaliar conforme o sistema de convicções *do outro*, mas de acordo com *o seu*. Isso é bem diferente de "Causei algum impacto sobre o outro?" ou "Alguém ficou chateado por causa de uma escolha que eu fiz?". Se você notar que se sente culpado perto de ocasiões especiais, faça essas perguntas a si mesmo para descobrir se o que sente é culpa genuína por ter cometido um erro, raiva que não sentiu em alguma reação despropositada que você voltou contra si mesmo ou tristeza por se dar conta de que não era importante o suficiente para outra pessoa a ponto de merecer o respeito e a consideração dela. Confundir essas reações pode levar a uma vida de pseudoculpa que você não deveria sentir. Você se sente mal por *qualquer* escolha que tenha impacto sobre o outro. Tenta evitar essa culpa vivendo apenas com base nas escolhas do outro e nunca leva as suas escolhas em consideração. Você não aguenta se sentir culpado, por isso tenta se conformar.

MANDE A CULPA CATAR COQUINHO

Se outra pessoa usa seu sentimento de culpa para controlar suas escolhas, isso pode ser entendido como chantagem emocional ou coação. Você não tem nada do que se desculpar, mas ela sim. Não podemos nos avaliar segundo os padrões de todos os outros; só podemos nos avaliar segundo os nossos padrões. Não podemos, nem devemos, eliminar nosso impacto sobre as pessoas. Impactar os outros e ser impactado por eles é a base dos relacionamentos humanos. Quando não fazemos nada de errado mas uma pessoa se sente importunada ou desapontada por nossa decisão, quem deve resolver esse sentimento é ela. Os agradadores são o sonho de todo narcisista, e, se ele prefere jogar suas necessidades em nós, o sentimento mais adequado é raiva, não culpa. Afinal, essa pessoa está pisando em seus calos psicológicos, alegando que a necessidade subjetiva dela é maior do que a sua, que o jeito dela é melhor e que a tradição dela é superior. A raiva é o sentimento saudável de que precisamos para reafirmar nosso limite e para devolver à outra pessoa a responsabilidade por essa necessidade.

Culpa é um sentimento paralisante quando não está fundamentada em um ato culpado, em um ato que nossa própria moral julgue inaceitável. É o disparo em falso de um sentimento e não temos como fazer nada em relação a ele. É importante manter nossa bússola moral e nos responsabilizarmos quando cabível. *Devemos* fazer reparações quando nos encontramos na origem de uma ruptura, mas não temos como emendar uma ruptura que não criamos. Ouço muitos agradadores tentando defender ou justificar seu comportamento, escapar de sentimentos de culpa convertendo seu ponto de vista no do outro ou buscando aprovação por suas escolhas. Um paciente me disse que sua esposa ficou chateada quando ele marcou um encontro com amigos no feriado: "Ela disse que eu tinha decidido pelos dois que não veríamos a família dela naquele dia, que eu tinha imposto minha decisão a ela, mas falei que não era verdade! Ela ainda podia fazer o que quisesse!". Apontei que, tecnicamente, ela tinha razão — ele tinha *sim* tomado uma decisão que causava um impacto sobre ela. Mas a diferença era que ele podia fazer isso. Não precisava sentir culpa — não porque ela tivesse concordado com ele, mas porque o comportamento dele era razoável. Podemos admitir que nossa escolha é decepcionante para a outra pessoa, mas não cabe a nós decidir o que ela faz com essa decepção.

O DIA MAIS FELIZ DE SUA VIDA

O Natal não é a única ocasião difícil para os agradadores. Passemos da época mais maravilhosa do ano para o dia mais feliz de sua vida. Para agradadores, os casamentos também oferecem uma série infinita de oportunidades para desapontar aos outros e a si mesmo, como Amy descobriu quando começou a planejar seu grande dia.

AMY

Quando Amy noivou, ficou animadíssima. Comprou revistas de noivas e as lia no trem a caminho do trabalho, dobrando os cantos de páginas de vestidos bonitos e penteados elegantes. Já fora madrinha e acompanhara as amigas em suas compras de vestido de noiva, tomando espumante e fazendo elogios enquanto os sonhos delas se materializavam em cetim e rendas. Agora era sua vez, e ela começou seu planejamento com ansiedade. Mas logo descobriu que planejar o casamento não é muito divertido para alguém que está sempre querendo agradar a todo o mundo, e encontrava opiniões não solicitadas em todo canto. O bolo, as flores, a banda, os discursos... todo o mundo parecia ter um ponto de vista e uma proposta para defender sobre cada detalhe.

Em seu trabalho como secretária, tinha a reputação de ser uma excelente organizadora de eventos. Como uma agradadora Clássica, fazia das tripas coração para tornar tudo perfeito para todo o mundo e conseguia deixar contentes até os públicos mais difíceis. Dessa vez, as coisas eram diferentes e ela não conseguia agradar a todos. Era como se cada convidado estivesse esperando uma festa personalizada. Depois de um tempo, Amy concluiu que, embora fosse tranquilo encomendar um simples bolo, pedir uma versão de casamento caríssima, com vários andares que agradassem a todos não era tão bom. Havia uma série de tarefas e e-mails e boletos e, mesmo assim, ela tinha de ouvir que não sei quem tinha feito melhor escolha nos docinhos.

Amy sempre soube que queria uma cerimônia pequena. Não desejava algo grande, como o casamento de sua irmã, no ano anterior. Preferia algo discreto, íntimo, em que pudesse se sentir à vontade e ser ela mesma. Encontraram o lugar perfeito em um celeiro aconchegante que poderia abrigar no máximo quarenta pessoas. Quando seus futuros sogros lhe enviaram uma longa lista de parentes distantes, Amy ficou horrorizada. Seu noivo tentou argumentar com eles, apontando que não conseguiria reconhecer metade daquelas pessoas na rua, mas eles insistiram mesmo assim. Os pais dele tinham ido aos casamentos dos filhos desses parentes, que esperariam a retribuição do convite — afinal, os casamentos não são para as famílias? No fim, Amy cedeu e reservou um salão de hotel que poderia acomodar os primos de segundo grau e tias-avós, mas já sentia que havia perdido seu casamento e estava planejando o grande dia de outra pessoa.

Ela se ocupou dos convites. Pesquisou hotéis e pousadas da região, imprimiu mapas e instruções, e fez um esforço consciente para escolher pratos para todos os gostos e orçamentos. As respostas que recebeu a faziam se sentir mais como uma secretária do que como a convidada de honra. Podia mandar um táxi da estação ferroviária? Como era o estacionamento no local? Ela sabia se o hotel tinha banheira ou só chuveiro? O convite dizia que era um evento apenas para adultos, mas tudo bem se levarmos os gêmeos?

"Se eu faço tudo para agradar a todas as pessoas", ela disse, no limite da paciência, "quando é que elas vão ficar contentes?"

Seus convidados pareciam mais clientes: achavam-se no direito de insistir sobre suas preferências ou defender suas opiniões, e estavam longe de ser os gratos convidados de uma generosa celebração.

O CONVIDADO DE HONRA

Anfitriões que estão sempre buscando agradar precisam ter consciência de que enfrentam o paradoxo do convidado. Se você é o convidado, seu código social diz que deve demonstrar gratidão e aceitar o que lhe é oferecido. Mas, quando está na posição de anfitrião, seu código também exige que ofereça uma recepção calorosa e hospitaleira, que pergunte aos convidados o que eles querem e que adapte suas normas de acordo com as deles. Para os agradadores, é fácil cair na armadilha de atender aos desejos dos outros em todas as situações que encontram, sem nunca notar as contradições de seu próprio código.

Quando chegou o dia, Amy se sentia menos como a noiva e mais como uma organizadora de eventos. Abria um sorriso para as fotos, mas o que começou como o sonho de um dia perfeito havia se tornado um exercício de gestão de interesses. Ela era bem versada nos costumes de sua família, mas, ao planejar um casamento, teve uma família nova inteirinha para agradar, uma família que via as coisas de um jeito diferente e tinha prioridades distintas. Além disso, havia os amigos, que estavam mais focados no evento social do que no casal de pombinhos. Amy caíra na armadilha de tentar criar um dia para todos os outros e perdeu o dia para si mesma. Quando o livro de fotos que encomendara finalmente chegou, ela se sentiu triste ao olhar para a noiva. Havia se esforçado tanto para deixar todos os outros felizes que se esquecera de agradar a si mesma.

QUANDO DOIS CÓDIGOS COLIDEM

O estresse da noiva, ainda que temporário, é um sintoma de questões e bagagens emocionais mais profundas. Grandes eventos e ocasiões importantes podem expor rachaduras nos relacionamentos, desencadeadas por questões práticas mínimas, mas originadas em dinâmicas familiares complicadas. Também é um momento em que diferentes códigos colidem pela primeira vez quando a família do companheiro traz consigo suas próprias ideias de tradição e celebração.

Os casamentos não devem girar em torno de fazer as outras pessoas felizes; pelo contrário, eles simbolizam o fim de uma família e o começo de uma nova, com seus próprios códigos e costumes por nascer. Amy desistiu de suas necessidades na tentativa de agradar a pessoas que não sabiam se virar sozinhas. Os convidados de um casamento não são partes interessadas com poder de voz nas escolhas que você faz, mas não vão respeitar limites se você não impôs nenhum. Se estiver planejando uma celebração especial, em vez de tomar decisões reagindo a pressões ou correr o risco de pegar o caminho de menor resistência, deixe claro o que importa para você e encontre seu "não" desde o começo. Se desistirmos e cedermos a velhos comportamentos de agradadores, podemos sentir um alívio temporário, mas nos negar a experiência que realmente buscamos, de sermos aceitos como somos e de criar um laço genuíno com os outros, como a pessoa que de fato somos.

Você pode deixar de lado quem não aprecia sua versão autêntica, porque muitos outros aceitarão a renegociação e a oportunidade de aprimorar a relação. Haverá também algumas pessoas preciosas que nos daremos conta de que já conheciam nosso verdadeiro eu e nos amavam incondicionalmente. Depois da lua de mel, Amy passou a perceber como agradar aos outros havia destruído sua cerimônia e começou a impor limites para dar um tempo para si mesma. Ela me contou que sua melhor amiga tinha aparecido em seu apartamento depois de vários dias de ligações não atendidas.

"Quando abri a porta, ela começou dizendo: 'Não se preocupe, sei que você quer ter um tempo só para você e eu respeito, mas só vim para te dar isso'. Ela passou os braços em volta de mim e me deu um abraço enorme. Depois, deu meia-volta e seguiu para o corredor, dizendo: 'Te ligo amanhã! E não precisa atender!'. E ela ligou. E não atendi. Eu não precisava agradar à minha amiga e isso foi incrível."

Temos de desmistificar a ideia de que ocasiões especiais são algo mais do que uma oportunidade de amar e ser amado como somos. Se as pessoas dizem que é um dia que importa mais do que qualquer outro, que deve envolver gastos enormes ou que deve ser feito da maneira delas, isso não é verdade. Mas pode ser do interesse delas fazer você pensar que é assim.

O problema de ocasiões especiais e a essência de seu significado é que elas oferecem um palco para as outras pessoas, que podem discorrer sobre como as prioridades atuais delas são importantes. Festas, presentes, tempo em família, cartões de Natal e cartões de crédito. O mais importante são as *suas* prioridades. Não que você deva ignorar as dos outros, mas sim colocar as suas no topo da lista. Uma família não vai se manter unida por causa de um Natal perfeito, assim como um casamento não se baseia em cartões de Dia dos Namorados. Exigir que você esteja com o outro da forma como ele acha certo pelos motivos *dele* ou seguindo as tradições *dele* não é amor e não é digno de sua energia.

FAÇA ESCOLHAS ATIVAS

E se não quisermos causar rupturas em relacionamentos ou conflitos em ocasiões especiais, mesmo quando conseguimos ver que as demandas que nos impõem não são saudáveis nem apropriadas? Muitos pacientes entram em pânico pensando que a única alternativa para agradar a si mesmos é cancelar o Natal ou se casar escondido no meio do mato.

Agradar-se, na verdade, significa fazer escolhas ativas que são apropriadas, ainda que não sejam necessariamente ideais. Se, no balanço geral e considerando as suas alternativas, você decidir não criar caso em momentos de emoções artificialmente exaltadas ou em momentos de importância social, não há problema. E isso não significa que você está tentando agradar às pessoas.

Podemos lidar com períodos curtos e agudos de comportamento caprichoso dos outros, desde que consigamos perceber o que está acontecendo. Quando você sabe que isso é algo *do outro* e tem origem num comportamento defensivo de ignorância ou insegurança, pode decidir ser tolerante — se quiser, e de um ponto de vista adulto de generosidade e fortalecimento. Pode ser preciso limitar sua exposição impondo limites quanto ao tempo que passa nessas situações, e talvez você tenha que ignorar as pressões residuais de agradar às pessoas voltando a priorizar suas próprias necessidades. Reconheça o cansaço pós-traumático de estar perto de pessoas que não aceitam você incondicionalmente e trate isso com uma dose saudável de agrado a si mesmo nos dias seguintes.

Se, levando tudo isso em consideração, você decidir fazer um sacrifício por um tempo limitado durante uma ocasião especial, lembre-se de entrar nesse período com suas reservas de agrado a si mesmo completamente abastecidas e de voltar a encher o tanque assim que possível. Chega de meses arrastados de comportamento político, de agradar aos outros o tempo todo; chega de semanas se recuperando de desavenças e da frustração pós-evento. Se é para fazer isso, que seja um desvio temporário que pode ser corrigido em pouco tempo dedicando um nível de investimento e atenção igual, se não maior, ao que você dedicou ao desvio em si.

A PREPARAÇÃO PARA EVITAR AGRADAR AOS OUTROS

Está se aproximando uma ocasião especial, que parece carregada das pressões para agradar. Como você pode gerenciar seus limites?

Pense no que está disposto a oferecer e faça isso tranquilamente, em vez de esperar que exijam isso de você. Seja claro sobre o que não está disposto a fazer e se mantenha firme — a questão não deve se resumir a uma escolha entre você ou o outro, mas, se chegar a esse ponto, escolha você.

Pense em como vai sinalizar para si mesmo, nos dias seguintes, que vai voltar à programação normal de se agradar.

> Lembre-se: não é preciso dar tudo de si no dia. Pense em si mesmo em partes — existe uma parte adulta que coordena o show no dia a dia e uma parte infantil que lhe mostra como você se sente. Você pode deixar sua "criança" de fora em ocasiões especiais se não for seguro para ela estar lá, isto é, se para você não for seguro ficar vulnerável.

Denise tinha uma relação complicada com a madrasta, que agora morava sozinha. Ela não queria cancelar a visita de Natal, só queria poder voltar menos abalada da experiência. Imaginamos como seria deixar sua "criança" interior de fora, enquanto sua versão "adulta" entrava, trocava presentes e cumprimentos de Natal. Metaforicamente, ela poderia deixar seus sentimentos e sua vulnerabilidade fora de perigo e mantê-los a salvo num dia em que eles seriam facilmente magoados pela insensibilidade de pessoas a quem ela sempre tentara agradar. Só tinha de se lembrar de buscá-los na saída e voltar a agradar a si mesma.

Agradar-se significa se tratar no mínimo tão bem quanto você trata os outros. Generosidade para com todos, inclusive você. Se as pessoas insistirem que você dê prioridade às necessidades delas, isso não é lá muito festivo, e pode ser prudente impor determinados limites para se proteger quando você enfrentar ocasiões de risco. Mesmo quando não encontramos as pessoas presencialmente, ainda assim é importante impor limites, e talvez em nenhuma outra situação isso seja mais verdadeiro do que nas relações virtuais, como veremos no próximo capítulo.

Agradar na internet

Instagram, Facebook, Twitter e outras redes sociais oferecem uma grande variedade de espaços potenciais onde podemos encontrar tribos virtuais e ser vistos e ouvidos em dimensões que não teríamos como atingir na vida real.

Também há anonimato e distância na internet, e podemos tirar vantagem disso para apresentar uma voz autêntica em situações nas quais poderíamos nos sentir muito acanhados — um agradador pode ser visto como realmente é e sentir sua posição apoiada pela primeira vez. Sua opinião, ecoada por outros, pode reforçar seu senso de identidade e validar suas convicções. Como um ensaio de aceitação, ele pode trazer essa confiança para avançar de maneira mais autêntica também na vida real. As plataformas sociais podem oferecer um excelente serviço para os agradadores, bem como para os públicos que têm o privilégio raro de ouvir esses agrados. Para os agradadores, para as pessoas a quem a aceitação é importante, pode ser bem libertador ter um espaço seguro onde descobrir que você já *é* aceitável, sem censura ou silenciamento. Se transmitimos uma opinião que assegura nossa posição em nosso grupo social, em geral nos sentimos mais aceitos. Se nos sentimos aceitos, podemos nos sentir confiantes para interagir com mais frequência, e isso é benéfico para nós, para nossas relações principais e para a sociedade como um todo. Podemos nos envolver com mais confiança na sociedade e ser parte de algo importante, significativo e benevolente.

OS PROBLEMAS DE AGRADAR ÀS PESSOAS NA INTERNET

No entanto, plataformas on-line nem sempre são uma força benéfica, e parte da indignação moral expressa na internet pode ser equivocada e destrutiva. As redes sociais combinam seu relativo anonimato com um baixo risco de repercussões e, sob o manto da invisibilidade que ela oferece, os usuários virtuais podem se comportar mal e dizer coisas que nunca diriam pessoalmente. Em vez de atingir seu potencial de cooperação e comunicação, as plataformas sociais podem criar um espaço de agitadores e valentões, um espaço que uma pessoa que busca agradar e que depende de afirmações positivas pode achar muito difícil de ocupar. Para conseguir aprovação na internet, não podem se basear na gentileza e no respeito. Seu radar, que examina as respostas do público, passa a ser inútil em um mundo sem corpos físicos, no qual as nuances de linguagem corporal, expressão facial e entonação verbal são invisíveis. Na internet, o agradador se torna deficiente. Ele não tem como intuir o que se pede dele, então não tem como controlar as reações das outras pessoas tão bem como faz pessoalmente. Dois tiques azuis sem resposta no WhatsApp nos deixam perdidos, e chats em grupo nos mantêm reféns de discussões sem a censura de administradores zelosos e aspirantes a podcasters, dos quais é impossível fugir sem ofender caso você se atreva a "sair do grupo".

Se o Pacificador se aventurar nesse território desconhecido, sem suas antenas habituais para ajudá-lo a controlar a reação das pessoas, será forçado a se mostrar apenas como uma versão branda e benigna de si mesmo, pisando com cuidado na corda bamba. O Clássico precisa se armar com filtros e edições para transformar suas fotos e postagens em algo digno de afirmação universal, enche seu feed com um conteúdo inspirador que seu público possa aplaudir, e manter um estoque exclusivo de boas vibrações. O Sombra pode não postar com tanta frequência, mas segue e curte as postagens de influenciadores que admira e os bombardeia com mensagens numa adoração fanática; defende seus ídolos contra trolls e marca em seus stories as pessoas que admira, para ajudá-las a ter mais exposição ou atingir seus objetivos. O Resistente, sem conseguir viver e deixar viver on-line, talvez se recuse a participar das redes. Critica as postagens dos outros ou deprecia o valor das redes sociais.

As mídias sociais não são inerentemente positivas ou negativas para os agradadores; como sempre, tudo depende das motivações e da forma como nos envolvemos. Para agradar a si mesmo na internet, é preciso entender por que você age como age.

ANITA

Anita estava nas redes sociais por todos os motivos errados.

Tinha 26 anos quando veio me ver. Estava ansiosa e queria trabalhar sua autoestima. Ela me falou de sua obsessão pelo Instagram; passava horas navegando pelos feeds de pessoas perfeitas tomando cafés da manhã perfeitos, celebridades reluzentes após o treino ou seu ex-namorado em feriados em lugares exóticos, com os braços bronzeados em volta de garotas bonitas de biquíni.

Suas próprias postagens eram meticulosamente filtradas enquanto ela buscava apresentar para o mundo sua versão mais agradável. "Às vezes", ela me disse, "me preparo para sair e tiro literalmente centenas de fotos. Tento todos os ângulos e filtros e tenho a impressão de que, quanto mais foto eu tiro, pior me sinto. Então posto uma delas com alguma mensagem que seja um misto de confiança e autodepreciação, com todas as hashtags que existem: #rolezeira, #saindocazamiga, #sorrynotsorry... #selfie, #feliz, #bodypositive e, depois de tudo, às vezes nem saio. Só tiro a maquiagem, coloco o pijama e fico vendo TV. É tudo uma farsa. Ou, se chego a sair, passo a noite toda olhando o celular para ver quantas curtidas recebi. Se não receber curtidas suficientes, apago a foto. Odeio isso. Eu *me* odeio por fazer isso."

Escondeu o rosto entre as mãos. Sentia vergonha de seu comportamento irracional, mas não conseguia quebrar o hábito de agradar aos outros nas redes sociais. Pesquisava quais hashtags lhe dariam mais curtidas ou seguidores. Aceitava sem questionar a visão distorcida da vida dos outros e se sentia um fracasso perto da perfeição deles. Antes mesmo de postar uma selfie para o julgamento universal já se considerava indigna e concretizava essa profecia.

Usou aplicativos de relacionamento para procurar um amor e falou de um site que não oferecia a opção de simplesmente dizer "Obrigado, mas não, obrigado" para alguém com quem tinha conversado on-line. Era preciso colocar a pessoa em uma "lista de excluídos". Ela tinha sido posta nessa lista por caras com quem havia conversado e descreveu como isso a fez se sentir completamente desprezada. Mesmo quando pensava ter encontrado alguém, o rapaz podia simplesmente desaparecer depois de semanas trocando mensagens sem parar. Esse processo de *ghosting* deixava Anita sem saber o que dera errado e, como é típico das pessoas que buscam sempre agradar, por não conhecer alternativas, ela se culpou. Ela imaginava o pior sobre si mesma e se esforçava ainda mais para agradar ao rapaz seguinte.

Algumas pessoas, assim como Anita, adentram nas redes sociais pelos motivos errados. Necessidades não atendidas na vida real levam esses agradadores a buscar uma sensação de pertencimento virtual, e eles usam todo esse conhecimento de como agradar criando um caprichado impostor — o que torna qualquer aceitação nula e vazia. Anita usava padrões do agradador Clássico para buscar uma conexão, mas não para se aproximar de um seguidor sem rosto. Queria se sentir compreendida, mas não dá para ser visto se você nunca se mostrar.

MOTIVAÇÕES DAS REDES SOCIAIS

Pense em suas motivações para interagir na internet.

Por que você usa as redes sociais?

Pense no que ganha com isso. Deve haver aspectos positivos e negativos, ou efeitos desejados e indesejados — veja se consegue apontar os dois lados.

É possível que as redes sociais lhe ofereçam um modo de se mostrar como você é e de reunir as evidências de que é bom o suficiente — para levar com você em sua vida fora da internet.

Ou talvez você aja na internet para agradar às outras pessoas e meça sua aceitação pelas curtidas, retuitadas e upvotes que recebe.

Se esse for seu caso, pergunte-se como você se apresenta.

Como você acha que o mundo virtual o vê?
O retrato que você apresenta é fiel à realidade?

Selfies e postagens podem ser editadas e filtradas, colocadas para avalição pública, removidas e votadas. Você pode se editar e se filtrar e, no processo, pode também se perder na perigosa busca por likes. Pode compartilhar memes sobre sentimentos sem expressar de fato como se sente. Não há como nos sentirmos compreendidos se não estivermos sendo fiéis a nós mesmos, e não há como nos sentirmos vistos se quem está vendo nosso perfil também estiver fingindo. É apenas um impostor "curtindo" outro impostor. Para uma pessoa que tenta agradar, o número de curtidas, seguidores ou comentários que recebe em cada publicação se torna uma medida perigosa e arbitrária de carisma e sucesso, e isso pode prejudicar a saúde mental.

FANTASIA VERSUS REALIDADE

Não cometa o erro de comparar sua vida íntima com a vida exterior dos outros. É importante lembrar que a vida exposta no Instagram dificilmente é o retrato fiel — ou, no mínimo, não é o retrato completo.

Se voltar o olhar para seu próprio perfil on-line, o "exterior" que compartilha para os outros, talvez você repare que parece o tipo de perfil que poderia intimidá-lo se fosse de outra pessoa. Você pode ter elogiado algo que pensou que deveria elogiar ou retuitado algo em que gostaria de acreditar mas no qual não acreditava tanto. Sua vida exterior também pode, nas redes sociais, fazer outra pessoa se sentir intimamente inferior. Você pode notar que sua linha do tempo esconde a verdade completa — talvez o último *story* que compartilhou abrigasse o misto habitual de emoções, mas a fotografia levemente desfocada que você postou era o cartão-postal da nostalgia, e a mensagem que a acompanhava era de pura positividade e alegria. Isso conta apenas um lado da história, e é importante que todos se lembrem disso, especialmente os agradadores. Se você pode fingir, todos podem.

ANTES DE DEIXAR DE SEGUIR

Se você sente prazer em navegar por feeds perfeitos, tudo bem, existem muitas coisas boas nas redes sociais e boa parte delas pode ser vivenciada como positiva, inspiradora e divertida. Além disso, se a postagem de alguém incomodar você, ao menos é possível bloquear ou deixar de seguir a pessoa, certo? É o que dizem, pelo menos — para caprichar em nosso perfil e só seguir o que nos faz sentir bem.

Quando trabalho com pacientes que estão abalados por interações virtuais, acredito que ajuda mais concentrar primeiro no que os incomoda e tentar ouvir o que está acontecendo em um nível mais profundo. Se pulamos esse estágio e partimos direto para as redes sociais, podemos acabar aliviando os sintomas de um problema subjacente que na verdade só se agrava diante de certo tipo de postagem. Se personalizamos o conteúdo do feed para remover os gatilhos, podemos até nos trazer certo alívio temporário dos sentimentos incômodos, mas estaríamos tratando os sintomas, e não a causa. No entanto, se conseguimos entender os sentimentos, não vamos precisar desviar deles no futuro. Podemos até descobrir que compreender o que sentimos nos ajuda a chegar mais perto de aprender como agradar a nós mesmos. Isso não significa que não mudaremos o conteúdo a que nos expomos, mas sim que antes precisamos ser claros sobre nossas motivações para fazer isso. Queremos nos sentir resilientes na internet, e não apenas ter um alívio momentâneo em suas areias movediças.

Se você não interage on-line, pare um momento para refletir como poderia se sentir caso interagisse. Se evita as redes sociais porque sabe que passar mais tempo nelas desencadearia sentimentos de irritação, inadequação ou ansiedade, seja curioso: por que isso pode acontecer? Que outra atitude você poderia tomar para aparecer on-line, se quisesse, e sendo capaz de agradar a si mesmo?

MALIK

Malik achava que seu problema eram as redes sociais, mas descobriu que na verdade o que o frustrava eram as restrições que impunha a si mesmo.

Como é ridículo quando as pessoas postam naturezas-mortas de xícaras de café posicionadas ao lado de livros perfeitamente empilhados, em imagens petulantes cheias de filtro! Ele ria enquanto descrevia essas postagens, mas estava claro que se sentia inquieto com a arrogância e a vaidade que elas representavam.

Não tivemos de revirar muito fundo para entender que o principal responsável por isso era um homem que Malik conhecia da universidade e que, segundo ele, exibia uma autoconfiança equivocada em tudo o que fazia. Os dois atuavam em um tipo de trabalho semelhante, e, enquanto Malik pesquisava meticulosamente os avanços na vanguarda de seu campo em ciências sociais, o outro rapaz publicava tuítes pretensiosos com opiniões mal embasadas. Pior ainda: ganhava popularidade com isso, acumulando um grande número de seguidores que queriam ouvir mais naquele palco virtual. Malik era hesitante e escrupuloso em seu trabalho e recebia um salário modesto em troca, enquanto o colega era chamado para palestras lucrativas em jantares e participações tranquilas em eventos corporativos.

As redes sociais haviam dado ao colega um palco onde ele podia se exaltar e inflar o ego, e Malik não suportava isso. Via a mesma coisa acontecendo com outras pessoas também; amigos se gabando de férias perfeitas no Facebook e colegas se vangloriando sobre promoções em atualizações do LinkedIn. Malik desprezava os "curtidores" e "seguidores" também, por não verem a farsa que estava sendo encenada.

Quando descreveu com desprezo o último post do colega no Instagram, um provérbio zen regurgitado com uma dezena de hashtags genéricas sobre paz e positividade, aproveitamos a oportunidade para parar e refletir. Malik havia deixado de seguir o colega para evitar esses sentimentos, mas o incômodo que sentia nos mostrava que essa pessoa representava algo mais importante para ele, e para isso era importante ouvir o que de fato estava acontecendo.

"Acho que fico irritado com ele", Malik começou. "Afinal, o que lhe dá o direito de pregar essas coisas? Ele acha que é melhor que todo o mundo e que tudo o que diz é tão importante que todos deveríamos ouvir. E esses idiotas escutam e ficam babando ovo! Inflam o ego dele e ele ganha todo esse crédito por quê? Por nada! É por isso que odeio o Instagram. Ele dá megafones para idiotas."

No mundo ideal, Malik gostaria que seu colega parasse de postar de maneira confiante e irreverente, mas, como isso não acontecia, deixou de segui-lo para eliminar a exposição aos posts que o incomodavam, ou para denunciar a rede social inteira. Resistentes não querem se importar, mas na verdade se importam; senão Malik não ficaria incomodado com as postagens do colega e poderia ter navegado por eles sem se deixar afetar. Os Resistentes são tão suscetíveis às pressões de agradar quanto os outros, mas, ao contrário deles, não tentam atender às expectativas: tentam negá-las ou contestá-las, pois isso lhes proporciona um meio de recuperar certo controle. Em todos os perfis de agradadores, existe uma falta de agentividade que significa que eles não conseguem negociar o modo como interagem com a autoridade para selecionar apenas os itens importantes. Em vez disso, ou aceitam tudo, como os Clássicos, os Sombras e os Pacificadores, ou recusam tudo, como fazem os Resistentes. Se, na vida adulta, você ainda precisa desafiar a autoridade, isso pode significar que não tem autoridade própria. Essa era a verdadeira mudança que Malik precisava fazer para aprender a se agradar.

Malik estava projetando seus assuntos pendentes no colega. Quando digo projeção, me refiro ao processo em que vemos em outra pessoa algo de que não gostamos ou que negamos em nós mesmos. Somos cegos para isso em nós mesmos, mas, quando vemos essa característica em outras pessoas, nos sentimos ofendidos. A pessoa que sacrifica suas necessidades para agradar aos outros sente raiva de atitudes egoístas dos outros. A pessoa que nunca se permitiria um atraso vai odiar o atraso nos que estão ao redor. A pessoa que deseja se preocupar menos em acertar vai ter problemas com pessoas que não veem mal em cometer erros.

Malik tinha problemas com um homem que agia com autoridade e que exibia grande autoestima, porque no fundo negava isso a si mesmo. Malik tinha raiva porque nunca sonharia em impor fotos do nascer do sol a outras pessoas; nunca acreditaria que valia a pena transmitir às massas o que ele tinha a dizer. Fora criado para ser humilde e complacente com os outros, e era intolerável ver seu colega quebrar essas regras tácitas. Para apagar sua raiva, a verdadeira mudança de que precisava não era em seu colega, mas em si mesmo: em vez de acreditar que precisava esconder sua luz, ele poderia se permitir brilhar. Ao contrário do que pensava, Malik precisava seguir o exemplo de seu colega — talvez não imitá-lo, mas com certeza se inspirar nele. Para abrir espaço a si mesmo, era necessário atualizar algumas das regras de sua infância quanto a ser modesto e grato para se permitir ter uma voz e expectativas em relação aos outros.

FEEDS DE FRUSTRAÇÃO

Se notar que existem feeds que lhe deixam frustrados ou amigos de Facebook que lhe causam uma reação incômoda, antes de deixar de segui-los, vamos explorar o que eles provocam em você.

O que incomoda você na forma como os outros se comportam nas redes sociais?

Talvez essas pessoas se permitam fazer ou ser algo que você não se permite. Talvez elas se valorizem de uma forma que você não se sente à vontade de fazer. Esta poderia ser uma mudança: impor-se mais em sua própria vida, preocupando-se menos com a opinião dos outros?

Talvez a narrativa dessas pessoas esconda as inseguranças delas. Pode ser que você consiga observar que essa é a forma como elas se apresentam ao mundo, em uma tentativa de organizar as reações que provocam. Pode ser que, no fundo, elas sejam apenas pessoas buscando agradar, seguindo um código diferente.

Se você se sentir frustrado por elas, note que a questão pode não ser você. Pode ser uma reação indesejada que, sem querer, elas provoquem em todos, e que o problema seja o relacionamento dessas pessoas consigo mesmas. Se esse for o caso, você pode chegar a um ponto em que consegue ver as mensagens delas com mais compaixão ou, ao menos, não se deixar afetar tanto. Você pode conseguir se livrar dessa pressão original de desafiar ou satisfazer a autoridade que elas representam e compreender que esse problema não passa de consequência do condicionamento prévio dessas pessoas, como vimos no capítulo sobre agradar aos pais. Elas podem voltar a ser apenas uma pessoa com suas próprias questões e seus próprios pontos cegos, nem melhores nem piores que você. E você pode seguir sua vida, sendo e fazendo o que lhe for mais conveniente.

Debruçar-se sobre o material on-line que lhe causa incômodo pode ser mais esclarecedor do que simplesmente tirá-lo de seu feed, se você estiver disposto a olhar além de suas reações iniciais e a entender os sentimentos que aquilo provoca e os costumes que desafia. Talvez seja hora de atualizar suas permissões e de se dar as mesmas liberdades que você vê outras pessoas se darem, para ser visto e ouvido. Agradar aos outros ou, pelo contrário, se ausentar dos palcos só o manterá preso às permissões limitadas que você recebeu na infância.

ABSTINÊNCIA

Observando o que nos incomoda na internet podemos aprender muito sobre nós mesmos e sobre nossas relações com os outros. Também podemos aprender observando o que nos incomoda sobre *não* estar na internet.

Imagine como seria se você desinstalasse todos os aplicativos de redes sociais ou passasse um dia desconectado de tudo isso. Como se sentiria? Talvez sentisse falta dos comentários ou curtidas que recebe quando publica algo que faz sucesso. A aceitação baseada em popularidade ou em filtros é condicional; e, se só somos aceitáveis quando atingimos um conjunto de condições, não somos aceitáveis coisa nenhuma. A única aceitação que vale a pena ter é incondicional: ser amado e aceito como somos, sem restrições. Às vezes temos de passar por um período doloroso de primeiro ceder nossa aceitação condicional a fim de abrir caminho para a aceitação incondicional que vem depois. Você pode ter de parar de postar uma versão cheia de filtros e perder as curtidas usuais para descobrir que pode interagir na internet com seu eu verdadeiro, sem filtros, e tolerar as curtidas *e* descurtidas que isso traz. Você consegue lidar com as duas coisas, portanto não precisa se deixar levar por nenhuma delas.

Sem o celular, talvez você se sentisse entediado ou isolado, e olhar para ele pode ser uma maneira de preencher esse buraco. Muitas pessoas pegam o celular sem pensar: por quê, do que eu preciso? Imagine por um momento que o tédio é um sentimento de disfarce, mascarando outro sentimento mais autêntico do qual você talvez não esteja consciente.

SENTIMENTOS DE DISFARCE

O tédio nos diz que nossas necessidades não estão sendo atendidas. Ele nos mostra que não estamos satisfeitos ou estimulados, mas não oferece a energia que receberíamos da raiva para efetuar uma mudança, tampouco nos dá a reflexão importante da tristeza para nos guiar rumo a relações mais reais. É um disfarce que nos faz buscar uma distração em vez de uma resolução; e muitas vezes ele é mencionado por pacientes agradadores que não foram estimulados a agir com base em seus sentimentos autênticos na infância. Aquela criança entediada no fundo da sala não fazia bagunça por ser malcriada; estava se distraindo porque tinha uma necessidade que não era atendida, seja por uma forma diferente de ensino, uma pausa ou uma ajuda para se autorregular. Do mesmo modo, quando os pacientes me dizem que se sentem cansados, vazios ou entorpecidos, pergunto: se não estivessem se sentindo assim, como estariam se sentindo, qual poderia ser sua verdadeira necessidade? Além do cansaço físico causado por um aumento de atividade ou pela falta de sono, muitas pessoas notam que a fadiga, por exemplo, é mais um sentimento de frustração, estagnação, solidão ou tristeza.

A ansiedade é outro sentimento comum de disfarce que vejo em agradadores que vêm à terapia. Ela se revela como a diferença entre expectativa e realidade, na comparação entre como queremos que as coisas sejam e como são de verdade. Quando não somos capazes de aceitar as coisas como são, e não nos achamos capazes de mudá-las, a ansiedade forma uma ponte incômoda. Os quatro perfis de agradadores podem sofrer de ansiedade, visto que usam táticas diferentes para tornar as situações toleráveis, sem uma sensação real de agência ou controle.

Convidei Anita para prestar atenção em seus sentimentos de ansiedade e se propor uma pergunta diferente: "Se eu não estivesse me sentindo ansiosa agora, o que poderia estar sentindo?". Se a ansiedade não aparecesse sempre como sentimento de emergência, o que ela poderia sentir ao olhar fotos de pessoas vivendo o melhor da vida delas? Para Anita, a ansiedade estava mascarando uma solidão profunda. Ela entrava na internet se sentindo mal e saía se sentindo pior. Era a solidão que pedia sua atenção; a ansiedade só estava lá para chamar a atenção dela para isso.

A ansiedade é um problema em particular para o agradador. É fácil buscar reafirmações on-line em uma tentativa de se sentir melhor, mas apresentar uma identidade on-line frágil para avaliação de uma plateia de usuários distraídos deixaria você mais ansioso, e não menos. Se os agradadores se sentem ansiosos e por isso olham as redes sociais, ou se olham as redes sociais e por isso se sentem ansiosos, os efeitos parecem ser correlatos. Recorrer às redes sociais pode fazer você se sentir mal, e se sentir mal pode fazer você recorrer às redes sociais.

O QUE HÁ POR BAIXO?

Se você pega o celular e começa a navegar quando se sente entediado, ansioso ou triste, veja se consegue perceber: qual é a necessidade autêntica da qual você pode estar se distraindo?

Talvez você reconheça que suas interações on-line o ajudam a evitar alguns outros sentimentos mais incômodos e talvez não tenha recebido algumas das permissões de que precisava para agradar a si mesmo no começo da vida. Você tem agora a oportunidade de não disfarçar mais esses sentimentos e substituí-los por autenticidade e resiliência. Se suas opções até agora eram paralisar ou agradar aos outros, talvez não tenha recebido a permissão de perder, errar ou cair e se levantar de novo — sem ficar envergonhado e com o apoio dos outros. Essa é uma permissão que você pode se conceder agora.

Se, depois de explorar suas motivações para usar as redes sociais, você se considerar um usuário on-line "social" — o que significa que está no controle de seu consumo e gosta de suas interações —, isso é ótimo, mas ainda assim é prudente tomar algumas precauções para se proteger na internet. Seja seletivo ao escolher com quem se conecta, limite o quanto se expõe para o consumo alheio e aproveite a oportunidade para compartilhar seu verdadeiro eu como um teste para sua aceitabilidade incondicional na vida real. Quando você se sente obrigado a agradar aos outros na internet ou a sair das redes sociais, pare um pouco e observe seus gatilhos, usando seus sentimentos autênticos para rever seus limites. Isso é agradar a si mesmo na internet.

Se, porém, reconhecer que está usando as redes sociais e plataformas on-line de maneira compulsiva para sustentar sua autoimagem fragmentada, e seu agradador interno tiver uma relação pouco saudável com as curtidas e os seguidores, evitar gatilhos de irritação ou ansiedade não será suficiente. Antes de entrar nas redes sociais e seguir as regras dos outros, descubra quais são as suas regras. E, se você é do tipo que diz "as redes sociais não são para mim", note se está desperdiçando o potencial delas para evitar as regras de interação que impõem.

Deixe que seu comportamento on-line seja um reflexo de quem você é fora da internet e não se entregue à pressão de ser perfeito. Quando você agrada a si mesmo nas redes sociais, permite que indivíduos que pensam como você encontrem seu verdadeiro eu, #semfiltro, e desenvolvam uma comunidade virtual em que você pode se sentir bem-vindo exatamente do jeito que é.

Agradar como mulher

Muitas vezes me perguntam se agradar aos outros é uma aflição feminina. Pela minha experiência, eu diria que não, embora algumas das características mais associadas ao estereótipo feminino possam se assemelhar a certas estratégias estereotipadas de agradar. Lembremos que, no fundo, agradar aos outros não é uma questão de cuidar do outro, mas sim de organizar as reações dele a fim de evitar um sentimento que você não quer. Não existe nada de exclusivamente feminino nisso. O elemento que poderia parecer mais "feminino" é a necessidade inconsciente de não causar alarde ou não dar trabalho aos outros, buscar harmonia ou apoiar as vitórias de outra pessoa, mesmo que isso envolva um grande custo pessoal. Agradar não está relacionado a gênero no sentido tradicional da palavra e afeta todos nós em certo grau. Você pode reconhecer seus comportamentos de agradar aos outros nos estudos de caso das mulheres deste capítulo, pode se reconhecer nos casos dos homens, no capítulo seguinte, ou pode se reconhecer em ambos.

É verdade que em muitas culturas as mulheres são condicionadas a serem cuidadoras, a priorizar os outros e serem úteis. Elogiadas por serem doces e obedientes, as garotinhas costumam ouvir que não devem ser mandonas nem causar confusão. O cérebro feminino normalmente é programado para ter mais empatia do que o masculino, e essa pode ser uma grande qualidade, possibilitando que as mulheres desenvolvam relações fortes e sociáveis e participem de comunidades colaborativas. Isso cai por terra quando não há a permissão de também impor limites, sentir e expressar raiva, e de se tratar tão bem como você trata os outros. Às vezes, pergunto às minhas pacientes, em meio a um monólogo negativo de autossabotagem: "O que você diria se alguém falasse sobre sua melhor amiga desse jeito?". Normalmente, a resposta é algo na linha: "Eu ficaria furiosa! Diria 'como você ousa falar mal dela assim!?'". Essa é a virada que uma agradadora precisa fazer, voltar o holofote de cuidado e proteção para si mesma, para redescobrir os sentimentos de raiva que ela foi condicionada (tanto por homens como por mulheres) a não sentir e usá-los para dizer às pessoas quando elas devem recuar.

A mulher agradável é muitas vezes o estereótipo daquela que se esgota buscando a aprovação das pessoas ao seu redor sem nunca falar "não". É uma filha devotada, uma amiga leal e uma funcionária dedicada. Consegue aliar o calendário familiar aos deveres de casa, comprando presentes de aniversário, abastecendo os armários e agendando as atividades sociais. Assume responsabilidades por escolas, amigos, viagens, animais de estimação e sogros, além de suas próprias obrigações e de sua carreira. É a mulher que sente que está falhando se um dos muitos pratos que tenta equilibrar se espatifa no chão. A mulher que sente que não pode ser bem-sucedida se não disser "sim" para o chefe. Que se sente resmungona se reclamar sobre a divisão injusta de trabalho em casa. Que se sente péssima mãe se decidir comprar um bolo de aniversário pronto.

Você pode ter sido criada com um código diferente de agradar; talvez as mulheres em sua família precisassem ser tão fortes e resistentes que você não tenha recebido a mensagem para ser humilde, e que sua jornada para agradar a si mesma possa depender de recuperar sua vulnerabilidade. Independentemente de se identificar com as mulheres deste capítulo ou com os homens do capítulo seguinte, olhe as lições que eles aprenderam e veja o que pode ser relevante para você.

O JEITO VIKING

Meu principal modelo feminino era uma viking. Na minha cultura, as mulheres não eram frágeis ou inferiores, eram fortes e independentes. Iguais aos homens, se não até um pouco mais capazes e resistentes.

Quando olho para fotografias granuladas da minha mãe, vinda do norte da Suécia no fim dos anos 1970, vejo tranças castanhas compridas, tamancos vermelhos e bíceps. Quando ela estava grávida do meu irmão, com uma barriga enorme, meu pai chegou do trabalho e a encontrou puxando pela garagem uma tampa de bueiro descartada. "Pode ser útil", ele se recorda que ela disse, mal derramando uma gota de suor.

Minhas roupas eram bem-feitas e práticas, costuradas em veludo cotelê de cores primárias na sala de costura no sótão. Meus sapatos eram resistentes e feitos para ficar na rua em qualquer clima. Muitas vezes eu sentia falta de vestidos de festa rosa com babados e sapatos de couro de marca, mas me pego repetindo a mesma história com minha filha agora — mandando-a para a escola com tênis resistentes à prova d'água com boa aderência, para que ela consiga correr nas brincadeiras do recreio e não escorregue com as sapatilhas brilhantes que vejo nos pés das amigas dela.

É importante para mim que ela consiga se virar sozinha, mas ser capaz de se sustentar não significa que ela deva sustentar todos os outros.

Todas as minhas pacientes mulheres são corajosas, capazes, emocionalmente inteligentes e resilientes. Algumas, porém, só foram ensinadas a usar suas habilidades a serviço dos outros e alimentam a visão equivocada de que é seu dever compartilhar seus recursos com pessoas que podem precisar deles, mesmo quando essas pessoas não merecem.

AMBER

Amber foi condicionada a ser uma mulher que agrada aos outros. Tinha um irmão caçula que determinara todas as brincadeiras da infância deles, colocando-a no papel de Robin (para o Batman dele) e de goleira para que ele treinasse os pênaltis. Quando começou a crescer e fazer amigos, ela percebeu que não queria mais participar dos jogos do irmão seguindo os termos dele. Sua mãe dizia: "Mas você deveria querer brincar com seu irmão, ele só quer brincar com você porque te ama". Ela se sentiu a estranha da família e pensou que, se essas eram as condições dos relacionamentos amorosos, teria de encontrar meios de se adaptar à forma correta e de receber amor do modo como lhe era oferecido. Voltou a participar das brincadeiras do irmão, embora relutante ao rodear um exército de soldadinhos de plástico ou ao se sentar em uma barraca que ele montara. Por anos, usou seu comportamento de Sombra para facilitar os dias dele sob o sol, mas sentiu rancor e desenvolveu hábitos de Resistente para limitar o tempo que passavam juntos.

Décadas depois, Amber percebeu que ainda tinha muitas conversas assim. Não mais sobre brincadeiras, claro, mas ainda sobre realizar os sonhos dos outros: despedidas de solteiras, visitas familiares, eventos sociais, arrecadação de fundos para a escola, clubes do livro, festas de aniversário, casamentos ou passeios com cachorros. Tantos pedidos para realizar os desejos dos outros — e um incômodo profundo com a perspectiva de desapontá-los, igualando isso à ideia de que estava sendo cruel ou insensível se dissesse "Não, obrigada" ou "Para mim, não". A lista parecia infinita e ela enfim chegou a um limite e marcou uma consulta com seu clínico geral. Ficou surpresa quando ele sugeriu terapia.

Começamos explorando o que acontecia com Amber quando um amigo ou um ente querido pedia que fizesse alguma coisa.

"Toda vez que me convidam para alguma coisa, eu entro em pânico... Fico me questionando se *deveria* ir, se *quero* ir ou se *deveria querer* ir!" Ela ria com a impossibilidade de sua tirana interior. "Fico pensando se sou obrigada a dizer 'sim' toda vez ou se tenho um bom motivo para dizer 'não'. Como *realmente* me sinto nunca é a questão."

Ela se repreendia perguntando: "Por que nunca quero fazer as coisas? Gosto dessa pessoa, poderia ser divertido e é provável que eu me divirta quando chegar lá... qual é o *meu problema*, por que sou tão antissocial?". Sempre de volta à mesma dúvida. "Qual é o meu problema?" E, aceitando ou recusando o convite, ela se sentiria mal de todo jeito.

Amber foi criada por uma mãe que lhe deu o exemplo de que ser mulher significa ser atenciosa e acolhedora, agradável e compreensiva. Na família de Amber, se você era mulher, colocava os outros em primeiro lugar. Quando Amber não conseguia mais continuar agradando aos outros cegamente na vida adulta, em vez de questionar a integridade do código, passou a duvidar de si mesma.

O que Amber mais queria era: "Ei, adoraria ver você, me avisa se tiver algo que gostaria de fazer e quando é bom para você". Isso lhe diria que ela enfim era importante o suficiente para alguém se relacionar com ela em condições que também seriam boas para ela, uma relação que a levasse em conta e não exigisse que ela ajudasse o outro a cumprir os próprios planos ou a lidar com sentimentos difíceis. Isso mostraria que ela não era um apêndice, um acessório ou um substituto. Amber finalmente encontrou sua raiva — reconheceu que estava brava com os amigos e a família, que a faziam se sentir culpada para que fosse cuidar deles porque *eles* estavam frustrados. Estava farta de deixar que seus chefes a convencessem a fazer horas extras com as excelentes "oportunidades de desenvolvimento de carreira".

Enquanto continuar aceitando essas relações disfuncionais e condicionais, você impede que surjam outras, aquelas que de fato deseja. Se assume a responsabilidade emocional por tudo, por todos, provavelmente será isso que vão continuar lhe oferecendo. Se buscar resolver todos os problemas que lhe apresentarem, os problemas vão inevitavelmente cair em seu colo. Se quer um trabalho bem-feito, basta deixá-lo com uma mulher ocupada, não é? Se ela está ocupada, é sinal que está fazendo o trabalho de todos no lugar deles; portanto, não vai negar o seu. Esse é o valor que ela acredita que tem e o motivo pelo qual as pessoas vão procurá-la. Ela vai fazer o serviço porque é boa nele — pelo menos é o que lhe disseram —, mas ser capaz de fazer não significa que deva fazer.

A mãe de Amber a elogiava quando ela cuidava do irmão e deixava que ele fizesse o que bem quisesse. Na terapia, ela passou a entender que deve ter sido útil para a mãe ter outra pessoa com quem dividir a responsabilidade — ela também achava difícil entreter o garoto da maneira como ele pedia. Dessa forma, segundo seu código de condicionamento feminino, a mãe de Amber a ensinara, ainda que de modo inconsciente, a priorizar as necessidades dos outros, em particular as masculinas, em vez de suas próprias necessidades. Ela fora ludibriada pela mãe a agradar o irmão e sentia rancor de ambos por ser deixada em posições que lhes eram convenientes. A culpa que sentia ao dizer "não" à vontade deles na verdade era a raiva que ela sentia contra si mesma.

Talvez, assim como Amber, você se pergunte se há algo de errado em preferir uma noite na companhia da Netflix ou em ir para a cama cedo em vez de tomar uns drinques depois do trabalho. Ou em não sentir vontade de aceitar o convite para uma festa ou uma viagem com os amigos. Ou se há algo errado por ficar estressada quando seu chefe lhe oferece um projeto incrível de alta visibilidade para liderar. Talvez você também se avalie segundo o que os outros querem e ignore sua própria vontade.

O condicionamento feminino costuma levar as mulheres a crer que suas necessidades não são válidas ou que incomodam os outros. Elas agem a serviço dos outros e esquecem de agir a serviço de si mesmas.

SEGUINDO A PROGRAMAÇÃO FEMININA

Pense nas regras sobre gênero que você viveu na infância.

O que significava ser mulher na sua família?

Talvez meninos e meninas fossem tratados de maneiras diferentes ou houvesse expectativas diferentes. Pode ser que você se lembre de algumas das mensagens que recebeu, direta e indiretamente, das mulheres que a criaram, por meio dos papéis que elas representavam na família.

Quando você estava crescendo, havia sentimentos ou comportamentos que eram inaceitáveis para as mulheres? Para os homens era diferente?

Veja se consegue notar como essas regras ainda se aplicam em sua vida hoje.

SINTA-SE LIVRE PARA CAUSAR CONFUSÃO

Trabalho com muitas mulheres que foram condicionadas a acreditar que não deveriam incomodar ninguém e que mudar de ideia é algo leviano ou caprichoso. Você precisa prever com antecedência como vai se sentir na quinta-feira daqui a duas semanas e confirmar sua presença com sangue. Claro, existem coisas que não podemos cancelar facilmente; precisamos comprar ingressos antes ou contratar uma babá com antecedência. Mas a maioria das coisas pode ser reorganizada, reparada ou desculpada. Permita-se mudar de ideia. Não é uma questão de "causar problemas", e você vai se surpreender com a tranquilidade e o respeito com que as pessoas podem reagir. Se você se tocar de que os outros passam pouco tempo pensando em você, pode não se preocupar tanto com o que eles pensam.

Uma ressalva deve ser feita aqui. A opção de mudar de ideia não significa que você pode dizer "sim" a priori desconfiando de que pode dar um bolo naquele dia. Isso é apenas o sabor açucarado de agradar aos outros a curto prazo com um retrogosto amargo de desrespeito no final. É priorizar seu desejo de se sentir querida *agora* em vez do direito do outro de ser tratado com razoável consideração. Se não há como ter certeza, você pode usar outras palavras: "Gosto da ideia, mas não sei como vou me sentir no fim dessa semana agitada no trabalho, então posso avisar você mais perto da hora?". Ou: "Parece ótimo, mas estou com pouco dinheiro neste mês, então não vou confirmar agora. Até quando você precisa da resposta?". Do mesmo modo, se sua resposta for negar, ela não precisa ser dada de maneira brutal: "Parece divertido, mas não é muito a minha praia", "Adoraria ver você, mas preciso hibernar por um tempo e aviso quando voltar à superfície" ou talvez "Estou economizando dinheiro para outra coisa agora". Se a outra pessoa se importa com você, isso vai ser o bastante. Se não se importa, talvez ela seja um pouco como o irmão de Amber, inconscientemente mais interessado em saciar as próprias necessidades do que buscando um relacionamento de igual para igual com você.

CONHEÇA SUA PRÓPRIA MENTE

Algumas mulheres não receberam a permissão para serem desagradáveis ou criarem atrito em seus primeiros relacionamentos. Elas têm predisposição a aceitar as coisas por educação e a ser gratas por gestos de gentileza, pouco importando se querem ou não o que lhes é oferecido.

Pode ser que você queira aceitar o convite de um amigo, mas prefira dar uma volta e parar para um café a tomar os drinques que ele sugeriu. Pode ser que você fosse adorar ver um filme com ele ou tomar uma taça de vinho em casa. Não tem problema ter sua própria ideia de diversão, mesmo que ela seja diferente do que o outro prefere. Talvez até seu amigo prefira a mesma coisa, mas esteja preso em seu próprio código de aceitação social do que seria uma noite "agradável".

Pode ser que, para você, progredir no trabalho não seja ter a oportunidade de falar em público ou ter o destaque que lhe foi oferecido, mas sim orientar membros da equipe ou desenvolver estratégias. Em um mundo que favorece os extrovertidos, podemos nos sentir coagidos a agradar os outros em uma escala social, mas precisamos ser capazes de dar nossa contribuição segundo o que acreditamos e queremos.

Como sempre, a outra pessoa pode recusar; essa é uma possibilidade que a agradadora tem de enfrentar quando começa a agradar a si mesma, mas ela vai se recuperar mais rapidamente e com menos efeitos colaterais negativos se isso for tratado no momento certo.

Amber foi ensinada que a intenção é o que conta e que, se alguém tem boas intenções, você é obrigada a aceitar aquela relação. Essa é uma mensagem particularmente perigosa para as mulheres, criadas para acreditar que "é bom ser boazinha" e que recusar uma oferta simpática é indelicado, mesmo quando ela pode ser prejudicial.

Amber sofria por agradar às pessoas, e de uma forma que é muito comum entre as mulheres que conheço. Dilemas que parecem a faceta mais leve de agradar aos outros são muitas vezes ignorados, como o problema de ser "boazinha demais" ou de precisar de um pouco mais de tempo para si. Além de menosprezar o impacto prejudicial sobre os indivíduos nessas situações, isso também intensifica a faceta degradante que mascara os impactos mais sinistros de agradar aos outros quando se é mulher, e que abre caminho para que as mulheres sofram abusos físicos e emocionais.

RELACIONAMENTOS ABUSIVOS

Existe um vasto espectro de relacionamentos disfuncionais. Em uma ponta, há o amigo carente que manda mensagens todo dia. Como isso às vezes esgota, você pode adiar os encontros e arranjar formas criativas de ajudá-lo a se sentir amado de longe. As demandas dele podem ser exaustivas, mas, em termos gerais, ele não é mal-intencionado. Na outra ponta do espectro está a manipulação mais patológica: pessoas que coagem alguém a se comportar de maneiras que sirvam aos interesses delas. Isso pode acontecer em amizades, mas penso como é particularmente perigoso quando se trata de relacionamentos amorosos. Relacionamentos em que as mulheres passam por um inferno e chamam isso de amor.

Nessas situações, as agradadoras sentem o dever de receber amor da forma como lhes é oferecido e ignoram o mau comportamento porque ouviram que "o que vale é a intenção". Não é verdade. Se alguém a trata mal repetidas vezes, a decepciona ou abusa de você, definitivamente não é a intenção que conta, e sim as atitudes. No extremo, um *stalker* pode até achar que as ações dele são movidas por amor. Uma paciente há pouco tempo me contou que vivera uma situação de violência doméstica porque, "nos momentos em que é bonzinho, ele é maravilhoso e me coloca em um pedestal". Não é no pedestal que você deve querer estar. Pode parecer lisonjeiro para uma agradadora que busca validação, mas na verdade significa que a mulher vai se ver limitada a uma plataforma minúscula de existência, obrigada a controlar seus movimentos e restringir suas reações, por medo de uma queda dolorosa. Comportar-se apenas pensando em agradar aos outros para permanecer no pedestal vai manter você nas alturas, longe da beirada.

Se notar que está em um pedestal, desça logo falando para o outro como você de fato se sente e saiba que, se ele não quiser uma relação de igual para igual, esse nunca foi um relacionamento saudável. Adiar a queda tentando agradar ao outro só vai treiná-lo a sempre esperar esse comportamento, tornando a queda, que é inevitável, ainda mais dolorosa quando acontecer. Se você se colocar em uma posição de aceitar amor de qualquer forma que lhe é oferecida, esquece o passo importante de escolher o tipo de amor que deseja receber. Não é indelicado recusar o "amor" de alguém que o oferece de forma manipuladora, controladora ou com segundas intenções — trata-se de uma questão de autopreservação, e é vital para agradar a si mesma.

LENA

Lena sempre teve uma relação complicada com os homens. Desde o começo, achava que era sua responsabilidade torná-los felizes. Seu pai era inconstante em seus afetos; às vezes, ela caía nas graças dele, às vezes ele a castigava e rejeitava, preferindo a irmã.

Quando Lena cresceu e começou a namorar, percebeu que atraía muito a atenção dos homens, em especial dos que queriam que ela os agradasse. Aceitava a oferta inicial deles para tomar um drinque, mas acabava saindo com eles por meses ou até anos, sentindo-se culpada por não gostar tanto deles como eles pareciam gostar dela. Não conseguia aguentar para sempre e, quando enfim terminava o relacionamento, eles ficavam mortalmente ofendidos e a acusavam de lhes dar falsas esperanças.

Com o tempo, ela passou a evitar todos os homens na tentativa de se esquivar da contrapartida que lhe parecia inevitável no fim de toda conversa. O cavalheirismo e os elogios iniciais dos homens sempre pareciam criar uma expectativa nela, para não dizer uma obrigação, de retribuir o favor. Ela me contou que o problema ficou tão grave que entrou em pânico um dia quando suas compras caíram na calçada porque a sacola rasgou e um homem que passava parou para ajudar. "Fiquei paralisada! Só conseguia pensar no que ele esperaria em troca. Tinha lido histórias pavorosas na internet sobre homens que se ofereciam para levar o carrinho de compras até a casa da mulher e depois a atacavam, então simplesmente larguei as compras no meio da calçada e saí correndo!"

Ficar sozinha dava uma sensação de segurança, mas ela estava solitária e todas as suas amigas estavam começando relacionamentos sérios. No fim, a melhor amiga a convenceu a tentar aplicativos de relacionamento, mas a sensação de obrigação de manter os homens felizes ficou ainda mais patente, e ela começou a terapia para chegar ao fundo da questão de uma vez por todas.

Começou me contando sobre o último homem com quem tinha saído. "Ele parecia bastante gentil, me ofereceu uns drinques e me fazia algumas perguntas, mas, com o passar da noite, fui me sentindo cada vez mais incomodada, então inventei uma desculpa e fingi que estava com enxaqueca. Ele ficou visivelmente preocupado, mas recusei quando se ofereceu para me levar para casa. Só fingi um sorriso e dei um beijo na bochecha dele, agradeci pela noite ótima e prometi que marcaríamos uma próxima. A essa altura, eu só queria dar o fora dali." Quando perguntei o que a havia incomodado tanto, ela me disse que não sabia identificar. Enquanto explorávamos o assunto, ela começou a descobrir algo a que seu inconsciente estava alerta: "Acho que foi porque ele parecia tão interessado que eu não queria desapontá-lo. Eu estava com medo. Quando ele perguntou se eu queria encontrá-lo de novo, eu disse que sim, embora não estivesse a fim. Só queria que as coisas ficassem tranquilas e de boa entre a gente, para que ele me deixasse ir embora e não criasse confusão. Achei que ficaria bravo comigo se eu dissesse que não estava interessada". De forma inconsciente, Lena tinha alimentado a ideia de que qualquer homem a quem desagradasse ficaria bravo com ela, e ela tinha sido condicionada a pensar que era sua responsabilidade não provocar a raiva masculina. Como Pacificadora, usava seu medo para agradar aos outros e se adaptava para apaziguar todo o mundo.

Lena nunca quis chatear ou irritar um homem porque, de certa forma, achava que ele poderia atacá-la. Seu pai a desapontara nesse aspecto, levando-a a crer que era função dela gerenciar as emoções dele, sendo obrigação dela adaptar-se aos humores imprevisíveis dele e causar uma reação que fosse segura. Lena nunca achou que a culpa fosse do pai ou de nenhum outro homem — apenas dela. Tinha medo de provocar a raiva dele, quando na verdade deveria estar se permitindo sentir sua própria raiva.

Nunca teremos certeza se os instintos dela estavam certos sobre o rapaz naquela ocasião e ela nunca remarcou o encontro, mas é fundamental permitirmos a nós mesmos agir segundo nossos instintos, e ela fez a coisa certa ao sair de uma situação que lhe parecia insegura. Ao contrário dos agradadores que são treinados para ignorar sua intuição e, assim, sem perceber, acabam se colocando em perigo, a intuição de Lena estava descontrolada e lhe dizia para ter medo de relacionamentos com todos os homens, por julgá-los perigosos e voláteis. Eu definitivamente não queria enfraquecer a intuição dela, mas sim ajudá-la a atualizar o que sentia, e nosso trabalho passou a ser desemaranhar alguns dos sinais antigos que ela havia recebido de modo que ela pudesse se sentir mais presente e empoderada em encontros futuros.

RAIVA É A ENERGIA QUE NOS FAZ MUDAR

Amber desenvolveu comportamentos de Resistente para limitar sua exposição às pressões de agradar ao irmão como uma Sombra, ao passo que Lena empregava sua Pacificadora quando se sentia ameaçada por homens. Limitar a exposição ao perigo ou à disfunção oferecia uma espécie de solução parcial, mas dependia de encontrar maneiras de *desviar* dos problemas em vez de enfrentá-los.

Para encontrar uma forma relevante de *enfrentar* um conflito, temos de canalizar a raiva como uma energia a favor da mudança, para estabelecer um limite e dizer "não" a comportamentos inaceitáveis. As mulheres que buscam agradar em geral foram criadas sem permissão para sentir raiva e tentaram viver apenas com base em sentimentos socialmente aceitáveis ou medo. Incapazes de entrar confiantes em um conflito, assim como Lena, elas usam sentimentos de medo para evitar esse sentimento. A raiva que foi considerada perigosa ou inaceitável é substituída por um medo benevolente ou uma ansiedade fácil de ignorar. As garotinhas que tiveram permissão para se assustar com os meninos mandões (mas não para sentir raiva deles) se tornam mulheres que ainda sentem medo de homens dominadores e perderam o contato com sua potência original e sua capacidade de se autopreservar. Se só conseguimos agir com base no medo, só nos resta torcer para nos livrarmos de uma situação tóxica, nos contentando em mudarmos enquanto deixamos o mau comportamento passar impune.

A raiva é a energia transformadora que vai ajudar você a parar de agradar às outras pessoas e começar a agradar a si mesma. Até agora, vimos como a raiva contida pode levar a ressentimento ou culpa e como ela é ativamente desestimulada em vários grupos. Quando falo sobre raiva, não me refiro a um humor destrutivo nem à violência que machuca os outros ou nos fere. Não me refiro à resistência nem à negatividade que reproduzimos quando nos enfurecemos contra o sistema ou alimentamos um rancor. Estou falando do sentimento puro e simples que se acende em nós quando alguém ultrapassa nosso limite. Estou falando do atrito que sentimos quando algo não está funcionando para nós, e da faísca que nos proporciona energia para mudar. A raiva não é nada mais do que um sinal para mudança. A primeira comunicação de um bebê é uma forma dessa energia de mudança primitiva: ele grita quando precisa que os pais alterem seu estado — uma mamadeira, um abraço, uma troca de fraldas. Se você fizer a mudança, o choro para. Dessa forma, reclamar é nossa primeira atitude de autopreservação. Sem a raiva como sinal de mudança e meio de autopreservação, ficamos à mercê do bom comportamento do outro ou de sua capacidade para ler mentes, e esse não é um lugar bom nem seguro para ficar. Só nos resta ter esperança de que eles façam a coisa certa, ainda que não façamos a coisa certa por nós mesmos, por mais que sejamos adultos.

A raiva é muitas vezes representada de maneira negativa, como algo que deve ser "controlado", mas isso não é verdade. A fúria é destrutiva, a violência é inaceitável, mas a raiva apropriada faz bem para a saúde. É um sentimento, não uma ação. É uma parte regular do meu trabalho redefinir as mensagens sobre raiva que as mulheres agradadoras receberam. Mostrar para a garotinha que a raiva, longe de ser perigosa, feia ou destrutiva, tem uma das funções mais importantes de todas as emoções. Ela nos diz quando é preciso mudar.

A RAIVA É SUA AMIGA

Você consegue se lembrar do papel que a raiva representava em sua casa na infância? Quem expressava raiva e quem não expressava? E o que você aprendeu sobre esse sentimento?

O que lhe ensinaram sobre raiva quando você era criança?

Pode ser que você se lembre que havia uma regra diferente para meninos e meninas. Os meninos podiam brigar, mas as meninas só podiam chorar. Meninas com raiva eram chamadas de "mandonas" enquanto meninos com raiva tinham "potencial de liderança". Talvez apenas os adultos pudessem sentir raiva, ou talvez a raiva em sua família parecesse assustadora. Muitas mulheres agradadoras me confidenciam os esforços que dedicam a proteger os outros de sentimentos de raiva, seus e de outras pessoas. A raiva não parece segura e, muitas vezes, essas mulheres sofreram o impacto de pais raivosos no passado. Na vida, elas insistem em relacionamentos tóxicos ou em trabalhos exaustivos, colocando panos quentes para manter um universo sem raiva.

Pode ser que ninguém demonstrasse raiva em sua família e todos escondessem suas frustrações ou ficassem sem jeito diante das adversidades. Como adulta, você tenta resolver todos os problemas com diplomacia e benevolência. Evita confrontos e renuncia a seu direito de resposta.

Todas essas são táticas compreensíveis e bem-intencionadas de pacificar, mas também são extremamente limitadas e pouco realistas quando está em prática a lei da selva. Há um motivo por que os animais com dentes grandes não precisam se defender. Deixe que as pessoas vejam que você tem dentes e você vai descobrir que nem precisa usá-los. Permita-se *sentir* raiva, e você não terá de agir com base nela, porque seus limites estarão claros e exigirão respeito.

Se não lhe ensinaram que é normal sentir raiva e mostrar os dentes, dê essa mensagem a si mesma agora. Não deixe sua raiva de escanteio. Quando sentida de maneira clara e adequada, a raiva merece ir pro aquecimento e entrar em campo. Ela é sua primeira e melhor linha de autopreservação. Para agradar a si mesma, você precisa acreditar que merece se defender. Precisa acreditar que é importante o suficiente para soltar a voz quando tem algo a dizer, e mostrar os dentes quando for preciso.

Dê a si mesma a mensagem de que você é importante, que merece ser bem tratada e que pode mudar se alguém a tratar mal. Use a raiva como um sentimento que patrulha o perímetro de sua autoestima e avisa quando seus limites foram invadidos. Deixe que sua energia a favor da mudança sirva para reinstaurar seus limites e preservar sua integridade.

Pode ser que seus limites tenham sido ultrapassados recentemente. Pergunte-se do que precisa para reinstaurar um limite que pareça adequado, lembrando que as ideias podem ser mudadas, decisões podem ser atualizadas e contratos podem ser renegociados. Talvez você tenha aceitado algo que queria ter recusado. Volte atrás e encontre uma maneira de dizer "não" agora; isso não é esquisito nem é um problema, é autêntico e humano: "Sei que disse que iria, mas pensei melhor e percebi que deveria ter dito que não. Não queria machucar seus sentimentos na hora e sinto muito se isso decepciona você". Ou talvez você nunca tenha imposto um limite e agora seja a hora de começar. A raiva saudável em ação é uma energia respeitosa e assertiva em favor da mudança. Mulheres que buscam sempre agradar foram condicionadas a não sentir raiva e não sabem se defender contra os abusos de poder; acabam dependendo de estratégias de agrado e adaptação para se manterem seguras em um mundo que lhes mostra muitos dentes afiados.

A FALÁCIA FEMININA

Mulheres que sacrificam suas carreiras, suas amizades, sua liberdade e sua identidade para agradar aos outros alimentam a ideia de que ser mulher é isto: sacrificar-se e viver em servidão. O ensinamento feminista não tem como esconder os comportamentos que observamos nas mulheres que nos criaram. Ainda que você atue em oposição às agradadoras de sua vida, acaba se encolhendo em um canto de Resistente, presa na revolta contra mulheres do passado e ainda assim incapaz de agradar a si mesma. As mulheres de hoje devem destrinçar as mensagens contraditórias das mulheres que vieram antes: a geração de mães que lutavam pelas mulheres do futuro, mas que voltavam para casa como as esposas obedientes que foram condicionadas a ser. A mensagem confusa delas, de ser quem gostariam de ser, não é tão libertadora quanto a mensagem de simplesmente ser você mesma.

Hoje em dia, agradar a outras mulheres pode dar a impressão de que você é uma boa feminista e está comprometida com a sororidade, sofrendo juntas sob o patriarcado e se aliando a desconhecidas sob argumentos distorcidos. Nos casos das mulheres com quem trabalho, há entre elas tantos casos de mau comportamento quanto entre homens. Mulheres que atropelaram ou humilharam outras para subir na carreira ou para fazer sucesso; mulheres que se julgavam as favoritas como filhas, amigas, profissionais ou esposas. Não dá para localizar a origem do impulso feminino de agradar apenas na misoginia, se foram as mulheres que nos criaram que pavimentaram o caminho e as mulheres de nossa geração que nos mantiveram na linha.

Se agora você é uma mulher que busca agradar aos outros, note as mensagens e os modelos que está passando para as garotinhas que estão crescendo hoje. Ouço muitas pacientes falando sobre a culpa que sentem como mães, por trabalharem ou escolherem ter uma identidade além de seus filhos. Elas se sentem mal por não serem as donas do lar que fazem panquecas e passam os uniformes escolares. Sentem-se mal por escolherem sair com os amigos em vez de ouvir os resmungos dos adolescentes. Sentem-se mal por ficarem cansadas e mal-humoradas no fim de uma semana longa em vez de serem inesgotavelmente pacientes e atenciosas com o companheiro. É claro que existe um equilíbrio a ser atingido, mas sentir-se mal por não ser uma esposa ou mãe "perfeita" passa uma imagem de que tal coisa existe: uma mulher que pode ter tudo e agradar a todo o mundo, que se coloca na base da pirâmide e nunca se sente frustrada, cantarolando enquanto fecha a lojinha após mais um dia gratificante agradando a todos. Essa é a mentira perigosa que leva as crianças da geração seguinte a esperar o mesmo de si próprias ou, pior, das mulheres com quem vão se relacionar.

Deixe que as crianças conheçam uma mulher de verdade que consegue agradar a si mesma e se importar com elas — e por osmose elas terão um modelo para também agradarem a si mesmas. Se você parar de se sentir mal por não ser agradável o bastante, vai romper as correntes para elas. Do mesmo modo, tenha cuidado se sobrecarrega sua filha com estereótipos antimasculinos e sexistas. Dar a ela a responsabilidade de declarar guerra ao patriarcado a prepara para se tornar uma Resistente no futuro, uma mulher presa em um padrão de rebeldia que não a deixa mais livre para agradar a si mesma de maneira autêntica — como acontecia com as agradadoras que vieram antes dela.

Tenho um filho de nove anos e parte meu coração quando ele assiste a programas de talentos e pergunta, confuso: "Por que todo o mundo torce pelas meninas? Por que não pelos meninos? Ou por todos?". E também quando volta da escola e suas colegas lhe dizem que o gol dele não conta porque ele é menino, ou que ele não pode sentir raiva quando elas são cruéis com ele porque elas são meninas. Sinto calafrios quando mães "assertivas" compram camisetas para suas filhinhas com slogans como "Meninas dominam o mundo" ou "O futuro é feminino". Corremos o risco de criar uma geração de garotinhas encarregadas de vingar as vítimas do passado, e garotinhos marcados pelos crimes de gerações anteriores. Uma mulher verdadeiramente forte seria aquela capaz de ir além do passado marcado pelo gênero e lutar por meninas *e* meninos fortes e empoderados.

O impacto do patriarcado é sentido por mulheres *e* homens, homens que não se conformam às regras rígidas e antiquadas e que não atendem às suas condições devastadoras, que não se encaixam propriamente em nenhum dos lados e se veem retuitando memes feministas como forma de pedir desculpas e escondem suas próprias experiências nuançadas. Meninos e homens também sofrem sob as regras emocionalmente restritivas da masculinidade arcaica, e precisam se permitir serem eles mesmos, como vamos explorar no próximo capítulo.

Agradar e masculinidade

Entre os homens que atendo, vejo uma grande variedade de comportamentos de agradar, porém nem sempre tão aparentes quanto o estereótipo de mulheres sofredoras, polivalentes e autodepreciativas — embora também existam. Às vezes, para agradar à tribo de machos, um homem tem de se esforçar para *não* ser bonzinho. Envolve-se em amizades que se baseiam em zombarias, provocações e competição. No trabalho, deve ser implacável e hostil, sem expor necessidades ou vulnerabilidades. Em sua família, deve proteger, prover e resolver problemas. Códigos diferentes de mestres diferentes, mas em geral com um aspecto em comum: a falta de permissão para os sentimentos. Em vez disso, deve seguir a vida com base apenas no pensar e no agir. Deve ser forte, bem-sucedido e respeitado. Deve ser confiante, decidido e direto. Em alguns casos, deve até ser desagradável para mostrar seu valor. Uma abordagem diferente para o agradar, mas igualmente fundamentada no medo de fracasso e na rejeição da tribo.

Agora ele também deve "reconhecer seu privilégio" e tomar cuidado para não oprimir involuntariamente as mulheres ao redor. Necessário, sim, mas também triste e um tanto redutor, visto que esse privilégio é produto do mesmo sistema patriarcal que por séculos restringiu os homens no aspecto emocional. Garotinhos que seguiram esse código e aprenderam a esconder sua vulnerabilidade podem se tornar versões mais assustadoras e perigosas de si mesmos quando crescem, por só conseguirem atender a suas necessidades por meio de coação e controle. Especialmente quando encontram mulheres que, na infância, foram ensinadas a ter medo de conflito e se tornam incapazes de expressar raiva ou lidar com essa emoção nos outros.

Vejo muitos homens que sofrem com o desejo de agradar aos outros, por terem passado por relacionamentos falhos na infância e não conseguirem desenvolver relacionamentos saudáveis como adultos.

IDRIS

Idris tentava manter as pessoas felizes. Queria ser um bom homem, dar orgulho para a família e ser bem-sucedido no trabalho. Trabalhava muito e gostava do emprego, praticava esportes aos fins de semana e socializava com os amigos. Como é o caso de muitos homens que atendo, estava tudo bem até o dia em que tudo veio abaixo. O código que ele sempre seguira, de esconder seus sentimentos e ignorar suas necessidades, não serviu de nada quando ele enfrentou uma crise no casamento e não conseguia lidar com a situação. Sem o mapa de que precisava para entender a angústia emocional pela qual estava passando, ele só conseguia se distrair da dor e mergulhar no buraco negro da autodestruição.

Ele veio à terapia quando sua vida havia enfim desmoronado. Tinha sido pego tendo um caso extraconjugal e, embora sua mulher quisesse resolver a situação, ele sentia que não conseguia voltar. Idris tentara manter as duas felizes por um tempo, negando a existência de uma para a outra, tecendo uma rede de mentiras que o manteve preso em um impasse delicado. Depois de um tempo, fez uma escolha e saiu da casa que dividia com a esposa para um apartamento próprio. Sua namorada, a amante, ficou furiosa. A esposa mandava e-mails implorando para ele voltar. Para alguém que não queria causar impacto na vida de ninguém, isso era um desastre, mas não era a primeira vez que ele havia falhado com todos por tentar esconder a verdade.

GUARDAR TUDO DENTRO DE SI

Idris foi criado para esconder a verdade quando as coisas davam errado ou os relacionamentos fracassavam. As coisas tinham dado errado várias vezes ao longo dos anos, mas toda vez ele escondia seus sentimentos e usava o álcool, o jogo e a promiscuidade para se distrair de sua infelicidade. Começou então a me contar toda sua história. Falou sobre tudo o que vinha enfrentando e como, em certo momento, havia começado a considerar o suicídio. Na semana seguinte, ele cancelou a sessão e me disse que tinha havido uma emergência no trabalho. Eu não sabia se ele voltaria, mas fiquei contente quando voltou e pudemos falar sobre por que ele tinha cancelado — não pelo motivo que havia me dito, mas porque se sentia culpado por descarregar tudo em mim. Segundo suas regras, ele havia me sobrecarregado injustamente, sabotado nossa relação antes mesmo que ela pudesse começar e me causado grande angústia. Isso me disse algo sobre as mensagens que ele recebera na infância. Perguntei o que pensou que eu poderia dizer se ele tivesse voltado para a sessão da semana anterior como planejado.

"Essa é fácil", falou. "Você teria dito: 'Como você pôde, Idris! Você me deixou muito preocupada! Estragou minha semana!' E me olharia feio... assim." Ele fechou a cara para mim.

A reação que ele imaginou de mim era a reação que havia recebido dos pais.

Idris me disse que seus pais eram ótimos e que ele e seus irmãos tiveram uma infância muito feliz. Também falou que "eles não davam muita bola para saúde mental" e não conversavam sobre sentimentos. Contou que, quando era jovem, ele era chamado de "chorão". Isso era inaceitável em sua família e ele havia aprendido a engolir o choro. Esse era o código na casa de Idris. Você podia ser desobediente ou brincalhão, e podia se comportar mal, mas não podia ficar triste — e, acima de tudo, "não deve preocupar sua mãe". Quando ele parecia prestes a chorar ou quando estava nervoso, seu pai olhava feio para ele, dizia para não incomodar a mãe e então ele parava. Deixava de *demonstrar* que estava triste, mas isso não quer dizer que havia deixado de ficar triste. Quando seu casamento entrou em crise, ele não demonstrou para ninguém que estava sofrendo. Quando sua empresa estava falindo e ele pensou que corria risco de perder a casa, guardou tudo para si. Quando se sentia dominado pela ansiedade e pela depressão, bebia para anestesiar esses sentimentos. Ele não queria preocupar os pais. Não queria preocupar os amigos. Não queria nem me preocupar.

Algo mudou dentro de Idris, seus ombros relaxaram um pouco e ele se recostou na cadeira enquanto admitia seu medo de preocupar as pessoas. Conversamos sobre como tinha sido sua adolescência e ele me contou das confusões em que se metia, sorrindo calorosamente com as lembranças. Disse que, uma vez, tinha levado uma menina às escondidas para o quarto depois que seus pais se recolheram. Ele achou que ninguém tinha notado, mas, de manhã, sua mãe deu umas batidas na porta e pôs a cabeça para dentro com os olhos fechados.

"Bom dia, querido", ele colocou a mão sobre os olhos e imitou o tom agudo de reprovação da mãe, "sua amiga quer açúcar e leite no chá?" Ele riu, lembrando da reação dela e de como ele e o irmão aprontavam na adolescência como duas pestes adoráveis. "Coisas de moleque", segundo o pai, que costumava bagunçar o cabelo deles num gesto carinhoso.

Idris gostava dessa versão de si mesmo, o rebelde adorável que se deixava levar pela vida mas com quem as pessoas podiam contar. Era por isso que as pessoas gostavam dele. Escondia a tristeza atrás de algumas cervejas no bar, falava sobre futebol com os parceiros e dava umas risadas, nunca demonstrando como se sentia destruído por dentro.

Idris era um Pacificador e sentia vergonha se incomodava alguém com seus sentimentos. Em sua família a vulnerabilidade era sinônimo de fracasso, e o deixava apavorado. Quando seus pais ficavam preocupados com ele, lhe davam bronca e se retraíam. Eles ignoravam os sentimentos do filho, falavam para ele ser forte e seguir em frente. Era o que ele via o pai fazer em momentos de dificuldade.

Se isso não funcionava, falavam para ele ir para o quarto e voltar quando se sentisse melhor. Na verdade, eles não sabiam lidar com os próprios sentimentos, por isso tinham de evitá-los e o incentivavam a fazer o mesmo. Eram uma fonte infinita de apoio prático, mas não conseguiam abrir espaço para Idris demonstrar seus sentimentos, não conseguiam normalizar as experiências da infância dele e o estimular a buscar ajuda quando precisasse. Sem ajuda e sem saber lidar com seus sentimentos, Idris aprisionou sua dor e buscou formas ainda mais destrutivas de se distrair, por medo de revelar os sentimentos para outra pessoa e acabar perdendo o relacionamento.

Em seu modelo de masculinidade, atitudes destrutivas eram de certa forma mais aceitáveis do que expressar tristeza pela crise familiar. Jogatina e promiscuidade, trabalhar demais e beber eram mais admissíveis para seus amigos e colegas do que a vulnerabilidade que ele escondia atrás desse comportamento. Quando Idris acabou por destruir uma relação, usou isso como mais uma arma contra si mesmo, mais um fracasso, mais um motivo para sentir vergonha e para esconder seus verdadeiros sentimentos.

Idris passou a entender que a maneira como via suas emoções e seus comportamentos era movida pelo conceito de masculinidade do ambiente ao redor. Ele não tivera permissão de sentir, de pedir ajuda e de causar um impacto sobre os outros. Não foram seus sentimentos que lhe custaram o casamento; foram as maneiras irresponsáveis e egoístas como ele agira na tentativa de esconder a verdade.

Pare um momento para pensar nos homens de sua família.

O que significava "ser homem" em sua família?

Pergunte-se que código você segue e de onde ele vem. Talvez você tenha aprendido com seus pais que ser menino significava ser prático, e não emotivo. Talvez sua escola ou seus amigos tenham reforçado essa ideia. Talvez seu ambiente de trabalho ecoe o mesmo ensinamento recompensando a hostilidade e a competitividade, enquanto desestimula a sensibilidade ou a reflexão.

O que você viu seus exemplos de masculinidade fazerem em momentos difíceis?

Veja se consegue se lembrar do que os homens de sua família faziam e como se comportavam em momentos de dificuldade.

Muitos pacientes relatam que nunca viram o pai chorar ou que, se viram, foi incômodo para eles presenciar esse momento, que parecia estranho. Idris se lembrou da morte da avó paterna e que o funeral estava cheio de homens contidos, maxilares cerrados e olhos secos. Ele me falou que agora as coisas estavam começando a mudar para os homens. Disse que sua empresa começava a levar saúde mental a sério e a oferecer apoio emocional, e que tinha até percebido que saúde mental surgia como um tema de discussão entre seus amigos no bar. "Quer dizer, conversamos sobre o que *pensamos* a respeito de saúde mental", ele disse com um sorriso maroto. "Ainda não dá para dizer que conversamos sobre o que *sentimos* sobre o assunto."

VERGONHA E OCULTAÇÃO

Todos queremos nos sentir aceitos. É um pré-requisito para os animais sociais que somos, e a maior ameaça à aceitação é a vergonha. Para muitos homens, falar sobre sentimentos ou expressar vulnerabilidade, além de indicar fraqueza, carrega um estigma. A vergonha é um dos nossos sentimentos mais primitivos, e existe para nos manter dentro do grupo. Para justificar uma vergonha real, é preciso que tenhamos feito algo terrível, algo que nos levaria a ser exilado de uma sociedade justa. Se alguém comete um deslize no trabalho ou uma gafe em uma situação social, se dirige um carro inferior ou se cai no choro, pode sentir algo que chama de vergonha. Contudo, nada disso consiste em um ato vergonhoso nem merece uma reação envergonhada. Somos tão comprometidos a nos sentir socialmente aceitáveis que qualquer coisa que beire a periferia do "normal" começa a parecer atípico — a ponto de corrermos o risco de sermos expulsos para um limbo social por um único deslize.

Você pode reconhecer o sentimento de vergonha. Talvez deva reexaminá-lo e notar que não houve nenhum ato que o justificasse. Talvez você consiga identificar que a vergonha nem deveria ser sua e que não passa de uma ressaca intergeracional legada adiante, inapropriada para os dias atuais. Se nossos pais ficaram presos em sua própria vergonha, podemos continuar a guardar sentimentos vergonhosos que não cabem a nós. A visão de mundo deles, determinada segundo os códigos de medo e vergonha dos pais deles sobre as transgressões sociais do tempo *deles*, devem ser compreendidas, mas deixadas para trás.

A vergonha acaba nos levando a esconder e reprimir desejos inaceitáveis. Esta foi sua função no começo: nos motivar a controlar um impulso imprudente para não corrermos o risco de sermos rejeitados pela sociedade. Essa ainda é sua função de segurança agora, mas é importante avaliar se é merecida ou relevante nos dias atuais. Se não fizermos a distinção entre pequenos deslizes e graves transgressões morais, vamos sentir vergonha na hora errada e nosso reflexo vai ser nos escondermos. É a ocultação que causa problemas. Se acharmos que a vulnerabilidade é algo vergonhoso, vamos escondê-la. Se acharmos que um erro significa o fim do jogo, vamos negá-lo. A vulnerabilidade e os erros são humanos, e Idris poderia ter buscado ajuda para seus problemas no trabalho e no casamento se tivessem lhe ensinado que isso era aceitável. No entanto, teve de esconder o que sentia, e, quanto mais escondia, mais se sentia envergonhado. É uma espiral descendente de solidão, que é difícil de interromper por conta própria. Quando vejo homens como Idris, percebo que muitas vezes eles acabaram se comportando exatamente da maneira que acabaria por levá-los a serem rejeitados. O trágico é que traições, jogos de azar e vícios eram apenas efeitos colaterais de uma vergonha equivocada, associada à vulnerabilidade que os havia levado a agir assim.

Talvez, assim como Idris, a vergonha tenha levado você a esconder partes de si, mesmo que seus crimes sejam apenas sentimentos naturais ou pensamentos normais, ou simplesmente erros que cometeu ao longo do caminho. Se conseguir interromper esse ciclo de ocultação, pode começar a colocar à prova suas suposições e descobrir o que acontece quando revela a verdade. Você pode compartilhar seu "lado obscuro" e descobrir que já é aceitável e digno de amor, que pode se agradar e, ainda assim, continuar no grupo. Ter um lado obscuro não é vergonhoso, é humano; mas escondê-lo pode levar a ações vergonhosas que resultam na própria rejeição que você tenta tão desesperadamente evitar.

VERGONHA E AGRADADORES

Para os agradadores, a vergonha costumava ser a arma que pais temerosos usavam para fazer os filhos interromperem comportamentos com os quais eles não conseguiam lidar, ou quando os filhos lhes apresentavam sentimentos que não sabiam como resolver. Na infância de Idris, o código social para os homens de sua turma era: "Não demonstre sentimentos". Rotulá-lo como "chorão" desencadeou sentimentos primitivos de vergonha que o fizeram segurar as lágrimas. Falar para ele que seus sentimentos chateavam a mãe foi mais um motivo para ele parar. Na vida adulta, continuava temendo a rejeição do grupo, por isso seguia seu velho código, mesmo quando estava se afogando em angústia. Precisamos de nossos sentimentos para que nos ajudem a passar por momentos difíceis, a evoluir, a nos defender e a nos desprender. Ignorando o que sentia, Idris não conseguia resolver os desafios que a vida lhe dava e não conseguia buscar apoio. Ele tentava fugir de seus sentimentos, mas eles sempre o alcançavam, o que o levou a uma rota de fuga autodestrutiva após a outra. Mais perda, mais sentimentos, mais vergonha e mais ocultação.

Homens como Idris podem ser facilmente mal compreendidos em nossa sociedade. A julgar apenas pelo comportamento, podem parecer bons demais em se autoagradar — o mulherengo egoísta que leva uma vida hedonista e só pensa em si mesmo. Porém, se também consideramos suas motivações, temos outra perspectiva. Agradar-se não significa se importar *apenas* consigo mesmo, significa se importar *o suficiente* consigo mesmo para fazer a coisa certa e correr o risco de desagradar aos outros a fim de desenvolver relações íntimas, autênticas e sustentáveis. Idris não tinha considerado o suicídio porque levava uma vida tranquila de autossatisfação; ele queria morrer porque se sentia desesperado e sozinho. Importar-se *o suficiente* consigo mesmo seria correr o risco de desagradar à família e aos amigos por quebrar as regras do código masculino e por reconhecer seus sentimentos. Agradar a si mesmo, na verdade, seria pedir ajuda — não como um sinal de fraqueza, e sim de força.

PERMISSÃO PARA SENTIR

Idris veio à terapia e recebeu permissão para sentir e pedir ajuda, mas precisou chegar a um limite para conseguir fazer isso. Talvez você também precise dessa permissão. A fim de parar de ser forte e estoico e pedir ajuda, antes de também chegar a um limite. Talvez você também consiga reconhecer os pontos cegos de seus pais, o código social que eles seguiam, vindo dos pais deles. Permita-se interrompê-los agora e contestar a utilidade desse código para você hoje.

Os cérebros mudam e as cognições são programadas de acordo com as informações culturais que recebemos e as reações que criamos. Há diferenças entre os cérebros masculinos e femininos — não diferenças anatômicas ou cognitivas estruturais, mas sim o produto de nossas referências culturais, afinal, somos seres sobretudo culturais. Quando falamos para um menino "virar homem", criamos uma informação que lhe diz que ele não pode ser vulnerável, que não pode sofrer e não deve sentir. Quando dizemos que "os bonzinhos ficam para trás", ensinamos que ele deve ser agressivo se quiser vencer.

Talvez você possa olhar para os meninos que estão crescendo agora e notar que eles merecem um código diferente. Um código que abra espaço para eles compartilharem seus sentimentos, sem julgamento ou vergonha. O código do patriarcado dá poder aos homens, mas, sozinho, o poder não nos serve de nada quando a vida nos dá limões. Um exoesqueleto de força pode ser arrancado e nos deixar desamparados diante de crises ou sofrimentos. Se nosso único recurso for revidar em defesa, vamos travar uma guerra entre nós e os outros, ou entre partes divididas de nós mesmos. Nossos sentimentos nos corroem de dentro para fora até chegarmos perto de um colapso: a crise de meia-idade, o *burnout*, os pensamentos suicidas. Quando a vida acontece, o poder não será tão útil quanto a capacidade de se autorregular, de pedir ajuda e de encarar os sentimentos para encontrar dados importantes que eles contêm.

"Não sentir" não é um domínio de exclusividade masculina — afeta homens e mulheres —, mas, pela minha experiência, reside inconscientemente mais neles. Homens e mulheres podem buscar a igualdade de maneira mais significativa se reconhecermos que esse "privilégio" não é unidimensional. Ao longo da história, o patriarcado criou patriarcas — homens poderosos sem o peso da vulnerabilidade, da sensibilidade ou da empatia. Implacáveis com os outros *e* consigo mesmos. Essa não é uma vantagem para os homens e as mulheres dominados por eles, nem para os próprios patriarcas quando sofrem com o fracasso ou a perda. Nesse aspecto, uma mensagem tradicionalmente masculina de cabeça sem coração e pensamento sem sentimento prejudica a todos, uma vez que promove uma ideologia de competição e individualismo às custas da vida íntima e comunitária.

Se criarmos meninos (e meninas) que consigam sentir por conta própria, eles terão a capacidade de sentir pelos outros e de se relacionar com empatia e compaixão. Se criarmos meninas (e meninos) para reconhecer seu poder e se posicionar, ter necessidades e potências, elas (e eles) serão protegidos pela autoestima. Se negarmos nossas necessidades ou não tivermos um conceito de agentividade, deixamos nossa segurança nas mãos das pessoas a quem precisaremos agradar, mesmo quando elas não se importam com nossos interesses. Para criar uma relação verdadeira e produtiva de igualdade, devemos permitir que ambos sejam vulneráveis *e* empoderados.

O PERFEITO CAVALHEIRO

Um estereótipo da persona do homem agradador é o "perfeito cavalheiro", alguém que foi criado para dizer "primeiro as damas" e "você primeiro". As comédias românticas nos ensinaram a esperar que os homens nos ofereçam o casaco, nos comprem flores ou abram a porta do carro; se ele for um cavalheiro de verdade vai até ver comédia romântica com a gente. Mas isso não abre muito espaço para que eles sejam homens "reais" — por "reais" não quero dizer másculos e durões, mas imperfeitos e com suas próprias necessidades emocionais.

MATT

Matt era um agradador Sombra, mas não era lá dos melhores, como veio a descobrir, porque não conseguia manter esse comportamento por muito tempo. Quando se sentia sozinho, ia ao bar e comprava uma cerveja para alguém; quando se sentia inseguro, enchia alguém de elogios. Bombardeava colegas não tão próximas com atenções e generosidades e se orgulhava de recusar as ofertas delas de reciprocidade. Mas não conseguia ir até o fim e sempre acabava se ressentindo das pessoas que haviam aceitado seu amor em termos tão egoístas e unilaterais.

Ele era bom em seu trabalho como arrecadador de fundos para caridade: usava seu charme para chegar aos bolsos de empresas ricas e liderava um departamento de discípulos adoradores. No campo amoroso, não era tão bem-sucedido, e era comum se ver em relacionamentos decepcionantes que não passavam de uma noite, relacionamentos complicados no ambiente de trabalho ou lances com mulheres casadas. Matt era viciado em primeiros encontros e tinha talento para isso. Para ele, era fácil ter uma ou duas horas de conversa espirituosa e envolvente, pois não corria o risco de revelar suas outras características menos interessantes. Conseguia ser animado, alegre, divertido e sociável, interessado e atencioso. Deixava as mulheres nas nuvens por uma noite, trocando telefones e promessas ao fim do encontro, mas nunca ligava para elas porque era impossível manter a farsa em um segundo encontro.

A razão da vida de Matt era fazer as pessoas felizes, principalmente as mulheres. Sua mãe ficou com o coração partido quando o pai a abandonou, e Matt cuidou dela e das irmãs mais novas da melhor maneira que podia, sempre tentando fazê-las sorrir. Ele tinha apenas doze anos, mas ela o chamava de "homem da casa" e "príncipe encantado", e o filho fazia o possível para atender às expectativas.

Tinha a reputação de ser um gentleman entre todos que o conheciam, pois sempre abria a porta, cedia o lugar e carregava sacolas. Insistia em pagar a conta, levava as sobrinhas para comprar roupas e dava ração para o gato da vizinha quando ela viajava. Se as mulheres estavam felizes, ele se sentia feliz. Ele se sentia bem consigo mesmo e, em um nível mais profundo, se sentia seguro em ser o herói delas, o cavalheiro que foi ensinado a ser. Mas a sensação de segurança tinha vida curta. Matt sabia que não era sincero quando agradava às pessoas, ou ao menos que isso não era tudo. Depois que a vizinha voltava para casa, ele ficava com raiva se ela não o chamava para beber alguma coisa. Depois que levava as sobrinhas para fazer compras, se sentia rejeitado quando elas faziam planos para ver as amigas no fim de semana seguinte.

CUIDADO COM O QUE DESEJA

"Cuidado com a imagem que você vende", eu o alertei certo dia. Matt estava no ramo de fazer as pessoas felizes e anunciava seus serviços com um slogan que só faltava dizer: "Se você está feliz, eu estou feliz". As pessoas que aceitavam sua oferta achavam que ele agradaria sem pedir nada em troca, afinal era o que o anúncio prometia, e ficavam confusas quando o fornecimento era interrompido ou elas recebiam uma grande fatura emocional. Matt atraía amizades e relacionamentos com a promessa de gratificações e atenções unilaterais ilimitadas. Começava com seu cavalheirismo e sua lisonja e se empenhava o máximo para conseguir companhia por um período, mas depois ficava ressentido por essas mulheres não enxergarem o que havia atrás de sua máscara e, passado um tempo, se voltava contra elas, retirando seu afeto. Quando Matt parava de agradá-las, elas ficavam surpresas e desapontadas (o que era compreensível), reforçando a visão dele de que só aceitavam sua versão agradadora. Quando elas não estavam felizes, Matt não conseguia ser feliz, e passava a bombardear outra pessoa com seu amor.

Sendo realista, o slogan autêntico de Matt deveria ser: "Se você não está feliz, *não consigo* ser feliz", mas esse atrairia poucas clientes.

COMO VOCÊ SE VENDE?

O que seu slogan diz sobre você?

O que você inconscientemente oferece? Como promete agradar às pessoas? Pense no tipo genuíno de relação que quer oferecer e seja você mesmo, não um realizador de desejos. O que você deseja oferecer, algo que considere tanto suas próprias necessidades como as do outro? Se conseguirmos correr o risco de atrair pessoas com quem possamos ser reais, sem criar uma fachada, poderemos descobrir que, apesar de receber menos batidas na porta, as pessoas que baterão serão as pessoas certas — seguras o bastante para atender às próprias necessidades e dispostas a estar ao nosso lado para atender às nossas necessidades. Reescreva seu slogan de agradar a si mesmo e tenha orgulho do que pode oferecer.

Idris e Matt tentavam ser quem pensavam que as pessoas queriam que eles fossem, a fim de atender às necessidades delas e de se sentirem parte da turma. Se nunca sentimos a proteção da turma na infância, talvez tenhamos aprendido a viver sem ela e encontrado outras formas de nos proteger. Se nossos sentimentos nunca foram ouvidos, podemos nos defender decidindo que somos importantes. Em muitos dos pacientes homens que atendo, é aí que vejo o surgimento do Resistente.

UM ALERTA

Um personagem comum na minha sala de terapia é o homem que está se recuperando do choque do divórcio.

Não é uma história rara: ele trabalhou duro por anos, pagando as contas em casa e progredindo na carreira, muitas vezes carregando a responsabilidade desde pequeno. Esse homem sobrevive às pressões de ser bem-sucedido resistindo à responsabilidade emocional pelos relacionamentos de sua vida. Buscando fugir das obrigações em casa, sente falta de liberdade e independência, acreditando que cuidar de si mesmo seria infinitamente mais fácil do que cuidar de todo o mundo.

Em um casal que atendi, o homem reclamava de ficar de "babá" quando a esposa saía por uma noite — embora fosse de seus filhos que ele estivesse cuidando. Se ela lhe sugeria levá-los ao parque no fim de semana, ele respondia como se a esposa tivesse feito uma imposição, murmurando: "Virou a creche do papai agora". Seu grupo de amigos honrava o mesmo código de Resistente. Os camaradas que ele encontrava no bar trocavam histórias de guerra de esposas que os atormentavam enquanto eles assistiam a jogos na TV e pediam mais uma cerveja. Companheiros de guerra, eles se consolavam quando finalmente tinham de parar de beber e "voltar para a patroa". A esposa por fim cansou de se sentir como carcereira: propôs um tempo na relação depois de tanto pedir que ele demonstrasse interesse pelos filhos ou passasse um tempo com ela e receber em resposta apenas um revirar de olhos.

Esses são os homens que pensavam desejar liberdade e independência quando, na verdade, desejavam essas coisas apenas como uma reação ao fato de se sentirem desimportantes no passado. Eles se treinaram a não querer intimidade porque nunca tiveram isso antes; e suas necessidades genuínas de relacionamento foram substituídas pela indiferença simulada do Resistente. Essas esposas não querem controlá-los, nem querem ser escaladas como vilãs, tampouco desejam estar com alguém que só passa tempo com a família sob pressão. Pode parecer que os Resistentes não se importam com o que os outros pensam — eles não levam desaforo para casa nem cedem às pressões de agradar aos outros, mas conseguem criar uma persona protetora de indiferença ou beligerância e perdem o fundo de verdade que há no feedback. Os Resistentes se isolam dos outros e acabam se tornando incapazes de receber amor, por conta do medo de não serem amados. Pensam que estão seguros sem o risco de agradar a todo mundo, mas caem nas garras do código masculino original quando abrem mão da intimidade emocional para "serem machos".

Esses são os lobos solitários, que buscam independência em resposta à falta de qualquer alternativa conhecida ou codependência do passado. Se conseguirem aprender a comunicar como se sentem e do que precisam, podem encontrar liberdade e integração *dentro* do relacionamento; podem agradar a si mesmos dentro da família. Senão acabam encontrando a libertação que supostamente sempre desejaram, mas de uma forma que os faz perder a família para sempre.

CRIANDO RELAÇÕES ÍNTIMAS

Os homens costumam se sentir atraídos por hierarquias desde pequenos, talvez por questões biológicas, talvez com base nas hierarquias que observam na própria família — algo inato, adquirido ou ambos. Os homens podem usar critérios inerentes do esporte para competir ou se enturmar, podem comparar os motores de seus carros ou subir na carreira. À medida que os membros de um grupo reagem seguindo ordens ou resistindo, em vez de cuidarem de agradar a si mesmos de uma forma adequada, as hierarquias criam agradadores. O foco dessas pessoas pode estar no progresso e no status, em detrimento da intimidade e da conexão, e uma vitória no trabalho pode mitigar uma perda em casa. Relacionamentos pessoais acabam sendo prejudicados quando esses agradadores se concentram em impressionar os chefes, e é frequente ouvir da pessoa com quem esses homens dividem a vida que que eles parecem dar o melhor de si para o trabalho.

Para muitos homens, onde há competição há motivos para se esforçar. Em casa, se não existe competição — nenhuma tabela de campeonato, promoção ou aumento salarial —, então os esforços podem parecer desnecessários. Com o relacionamento alcançado e o objetivo atingido, pode ser fácil deixar de se dedicar a ele e reservar a energia para outra competição, fora de casa. Na realidade, deixar de se dedicar em casa é às vezes até incentivado pelo código masculino; pode se tornar mais um domínio para competição, com os homens ironizando-se uns aos outros por estarem sendo "dominados". Para seguir o código masculino, você precisa reclamar da "coleira" e não deve amadurecer a ponto de superar a matilha, ainda que queira uma vida adulta e relevante com o apoio de uma parceria romântica.

Nossos relacionamentos são feitos para se desenvolver por estágios. Começamos com um oi e um aperto de mão, jogamos conversa fora e estruturamos nosso tempo juntos por meio de atividades compartilhadas e interesses em comum. Muitos relacionamentos param nesse ponto, mas ainda assim podem se tornar amizades gratificantes. No entanto, se quisermos construir relações mais profundas, devemos ir além dos passatempos e atividades em comum para desenvolver um elo de intimidade que só se torna completo quando inclui autenticidade e dedicação. Quando o código masculino tradicional limita seus seguidores a relações exclusivamente sem sentimentos, não é de surpreender que a conversa masculina gire em torno de esportes, tecnologia ou carros, segura na arena de atividades estruturadas. Qualquer um que desafie o código expressando vulnerabilidade ou buscando intimidade pode parecer uma anomalia perigosa e ouvir que deveria "virar homem" — e seus amigos o guiam de volta às normas do grupo provocando-lhe uma boa dose de vergonha.

Se lhe ensinaram que vulnerabilidade é sinal de fraqueza, talvez você tenha aprendido a esconder seus sentimentos e dependa mais de amizades casuais para se apoiar. Embora não saiba que faz isso, talvez perceba às vezes que falta algo em suas relações ou que algo o impede de criar relações autênticas. Muitos homens que atendo relatam sentimentos de solidão — de uma forma que as mulheres não costumam falar. Os homens podem sentir falta da rede de apoio que surge quando compartilhamos e expressamos sentimentos, mas só se dão conta disso quando a merda bate no ventilador e eles não conseguem se recuperar facilmente ou resolver a situação. Talvez você note que suas amizades funcionam bem quando tudo está bem e a conversa é leve, mas que essas amizades não são uma fonte natural de apoio emocional quando as coisas ficam difíceis ou você precisa de ajuda. Nesse caso, pode ser o momento de investir em relações que tenham o potencial de intimidade, ainda que isso exija vulnerabilidade de sua parte. Pode ser que a pessoa que você busque também precise de algo parecido na vida dela.

Ao contrário do que podem ter lhe sido ensinado na infância, a vulnerabilidade não o torna indigno de amor, mas suas defesas sim. Lembre-se de que a vergonha nunca foi sua; era a relíquia de um passado temeroso, de atitudes arcaicas relacionadas à masculinidade. Posto atrás de suas muralhas, ninguém pode machucá-lo — nem amá-lo. Derrube as muralhas e deixe alguém entrar. É seu direito falar para o outro como você se sente. E é privilégio dele ouvir.

À medida que você se torna mais capaz de se agradar, estará em condições de compartilhar seus aprendizados com pessoas que podem fazer uma jornada parecida — como veremos no próximo capítulo, em que vamos falar do ponto de vista de quem é agradado.

Ser agradado pelos outros

Existe um exercício que uso às vezes em terapia de casais para explorar a dinâmica de agradar ao outro em um relacionamento. Dou uma única folha de papel para o casal segurar entre eles e peço que negociem para que no fim apenas uma pessoa a esteja segurando.

Os resultados são sempre interessantes. É claro que não existe uma reação única, uma abordagem correta, mas essa proposta serve para trazer à tona comportamentos e pressupostos inconscientes. E é então que podemos falar sobre eles.

Elton e Andrea eram um desses casais. Procuraram a terapia porque Andrea achava que a relação tinha caído na rotina. A filha deles saíra de casa recentemente, e a liberdade e a empolgação que Andrea fantasiara foram substituídas por uma realidade de tédio e frustração. Ela pensou em terminar o casamento porque, embora ainda amasse Elton, achava insuportável envelhecer ao lado de alguém que parecia satisfeito em ser um mero "passageiro" na vida.

Dei uma folha de papel para eles e expliquei o exercício. O que aconteceu em seguida não foi lá muito surpreendente.

ELTON: Pode ficar com ela, meu bem.

ANDREA: Acho que não é esse o objetivo do exercício. Acho que a gente tem que falar sobre o papel e entender mais sobre como a gente se comporta.

ELTON: Ah, tá, OK. Então eu fico com o papel.

ANDREA: Você não está entendendo! A gente tem que conversar sobre isso!

ELTON: Desculpa, desculpa, desculpa... Sobre o que a gente tem que conversar?

ANDREA: Sobre o que VOCÊ quer conversar? Por que não pode tomar a iniciativa? Por que sempre espera que eu diga o que você deve pensar ou fazer? É exatamente disso que estou falando!

ELTON: Que merda. Desculpa. Fiz isso de novo, né? Tudo bem, me deixa pensar, hmmm...

ANDREA *suspira e solta o papel.*

ELTON (*coloca o papel na mesa e olha para mim*): Desculpa.

O PROBLEMA DE SER "AGRADADO"

Como Andrea sabia bem, pode ser exaustivo estar ao lado de um agradador. Com medo de desapontar, os agradadores põem sobre você o peso de tomar todas as decisões, e se deixam levar por sua energia e iniciativa. Não abrem espaço para negociação por medo de que possam meter os pés pelas mãos. Evitam conflito a ponto de extinguir qualquer intensidade. Já pedem desculpas antes mesmo de você abrir a boca.

Os agradadores podem ser muito irritantes em relacionamentos. Claro, às vezes pode ser bom estar com alguém que parece atencioso e generoso, flexível e modesto. Contudo, na maior parte do tempo, existe uma troca inconsciente sendo feita. Se você é o lado que recebe, deve aceitar os agrados do outro e tranquilizar a pessoa com a garantia de que ela é corretamente altruísta, deve elogiá-la pela subserviência e ser grato por tanta dedicação. Andrea estava cansada disso. O que havia começado como um agrado inofensivo de Elton agora era um esgotamento da força vital dela; ele se tornou fraco e desesperado por conta da necessidade de mantê-la por perto. No caso desse casal, a necessidade de agradar de Elton havia piorado depois que a filha saíra de casa. Ele sentia que não tinha mais um propósito sem seu papel como pai e ficava inseguro com a ideia de que Andrea não tinha mais isso como um motivo firme para continuar com ele. Mas sua busca frenética pela aprovação dela a estava afastando, e suas tentativas de ser conciliador serviam apenas para aumentar a irritação dela.

Talvez você conheça um agradador irritante. Vocês fazem planos para ir ao cinema, porém na hora de escolher o filme ele insiste para você decidir. Mesmo quando você o lembra que é a vez dele, ele fica constrangido e tenta adivinhar que filme você prefere. Incomodado com o peso de uma possível decisão errada e grato por você simplesmente estar lá, ele passa o cartão no caixa e paga por seu ingresso antes mesmo de você ter a chance de argumentar. "Por minha conta!", ele cantarola, para se sentir melhor consigo mesmo.

Se um agradador conseguir ser honesto consigo mesmo, vai reconhecer que não faz isso pelo outro, mas sim para remediar a própria insegurança. No fundo, é uma atitude egoísta enfeitada com um laço altruísta, e é garantia de acabar irritando as pessoas.

Tentar agradar a todos, na verdade, não agrada a ninguém, e perceber isso pode nos ajudar a nos permitir parar de agir dessa maneira. Na melhor das hipóteses, isso pode ser irritante, e na pior é desrespeitoso e traiçoeiro quando agimos deixando o outro em uma posição que é confortável para nós. Se conseguirmos reconhecer como essa atitude é tóxica, podemos tomar providências para começar a nos agradar e parar de prejudicar as próprias relações que estamos tentando preservar. Andrea queria que Elton se importasse o suficiente com ela a ponto de criar coragem para ter as conversas difíceis que são parte de qualquer relacionamento íntimo. Queria que ele dividisse o peso da vida real e fosse autêntico, mesmo que isso o assustasse. Queria que o marido estivesse emocionalmente disponível para ela e oferecesse uma conexão mais significativa e segura. Era também o que Elton queria; ele só não sabia que havia outras formas de fazer isso.

Ajudar os agradadores a parar de agradar muitas vezes envolve um processo desconfortável de chamar a atenção deles para as tendências inconscientes que criam. Nem sempre o problema são as atitudes do agradador — embora elas tendam a ser bastante erráticas e restritas ao repertório limitado do que ele pensa ser agradável, sem considerar o que o outro de fato valoriza. O maior problema está nas segundas intenções. Assim como Elton, os agradadores precisam que o outro reaja de forma positiva para obter a sensação de aceitação e segurança que eles tanto desejam, e isso cria um desequilíbrio que não favorece um relacionamento adulto. Assim como Andrea, a pessoa que recebe os agrados pode não querer deter todo o poder, mas acaba assumindo esse posto mesmo assim.

Apesar de tudo isso não ser um processo consciente, deve ser trazido à tona para que possa ser restaurado. O agradador precisa tomar posse de sua experiência e reconhecer seu processo para reaver seu poder e libertar o outro da responsabilidade que lhe confere.

Sua experiência como alguém que já foi vítima das pressões de agradar ajudarão a entender quando o outro estiver agindo sob as mesmas forças, e, se você também souber como é receber os agrados de alguém, fica em uma posição ideal para desvendar a realidade de ser agradado. Se você está em uma relação que já foi baseada em agradar e ser agradado, pode começar a ajudar o outro a negociar de modo honesto do que vocês dois precisam para agradarem a si mesmos. Em vez de aceitar os esforços de alguém que foi ensinado desde pequeno a agradar, você pode ajudá-lo a avançar rumo a uma relação mais atualizada, respeitosa e acolhedora, que atenda às necessidades de vocês dois hoje. Se existe um amigo ou colega que você acha que está disposto a ter uma relação mais atualizada e honesta, que aceitaria uma abordagem diferente, na qual vocês se libertem do peso de agradar e ser agradado, você pode firmar esse novo contrato com ele. Pode dizer: "Que tal fazermos o acordo de você me dizer se tem algo que não esteja funcionando para você e eu também digo se existe algo que não está funcionando para mim? Vamos tentar resolver isso juntos?".

Quando você para de agradar ao outro e deixa de aceitar que ele lhe agrade, vocês desenvolvem uma relação autêntica e podem aprender a ser vocês mesmos, juntos.

ACEITAÇÃO INCONDICIONAL

É comum as pessoas tentarem me agradar na sala de terapia. O paciente que tenta me pagar um extra depois de uma sessão em que se achou especialmente "trabalhoso", o que me traz um café porque pensou que seria grosseria tomar o café dele sozinho ou o que fica esperando na chuva porque acha deselegante tocar a campainha um ou dois minutos antes do horário da consulta. Geralmente consigo notar na hora quando os pacientes querem que eu goste deles, os aprove ou os valide. Para eles, pode ser um processo doloroso quando os convido gentilmente a explorar como seria se eu *não* gostasse deles e *não* os aprovasse. De forma delicada, mas firme, tiramos assim o seu cobertorzinho de segurança, para que seus pensamentos e sentimentos possam preencher o espaço e o paciente consiga superar a condescendência infantil, aprender sobre si mesmo e se descobrir igual e incondicionalmente aceitável, para mim e para as outras pessoas.

Quando percebemos que a linguagem de condescendência e bom comportamento não vale de nada na sala de terapia, temos oportunidade de nos comunicar de novas formas, de nos sentirmos compreendidos de maneira mais profunda e validados de forma mais completa — por quem somos, e não por quem acreditamos que deveríamos ser.

A terapia é um exemplo de relação que pode oferecer essa equanimidade e compaixão. Na terapia, um paciente tem oportunidade de renunciar a seu comportamento de agradador para ser visto pelo que é — com a expectativa de, se for capaz de se sentir aceito na sala de terapia, correr esse risco no mundo real.

Você pode pegar esses aprendizados e aplicá-los em seus relacionamentos, a fim de restaurá-los com a permissão mútua de se agradar e quebrar as correntes de agradar aos outros. Pode se dar permissão para interromper esse padrão de tentar agradar aos outros e se reconfortar com o fato de que interromper os esforços agradadores alheios pode ser bom também para a outra pessoa, deixando vocês dois livres para se reconectarem em um novo nível de autenticidade.

Quer você esteja em terapia ou não, podemos nos ajudar uns aos outros a fazer essa jornada, se estivermos dispostos a criar em nossos relacionamentos cotidianos um espaço que seja autêntico e sem julgamentos. A aceitação incondicional é a estrela que todos os agradadores devem seguir, uma estrela que pode guiá-los rumo à autoestima e à liberdade de que precisam para agradar a si mesmos.

ESTRESSE E DEPRESSÃO

Para sermos saudáveis, precisamos ter a capacidade e a permissão para respondermos a nossas emoções; mas em geral os agradadores não conseguem fazer isso. Os seres humanos, como todos os mamíferos, foram feitos para conseguir passar por momentos de estresse e sobreviver, mas, se fôssemos animais selvagens sendo perseguidos por um predador, só por um minuto ou dois poderíamos confiar nossa sobrevivência a nossas respostas de emergência. Depois, teríamos que fugir ou já estaríamos mortos. Se tivermos escapado, nossa próxima tarefa seria buscar refúgio sob uma árvore escondida em um lugar recluso, e é bem provável que então começássemos a tremer. Nosso corpo processaria o trauma que acabamos de vivenciar, libertando as substâncias químicas que tínhamos produzido durante a resposta natural de lutar ou fugir. Os humanos encontraram formas de contornar essa resposta natural. Assim, em vez daquele único minuto de estresse para o qual fomos criados, aquele minuto em que podemos sentir e depois regular, encontramos maneiras de viver com níveis moderados ou até altos de estresse crônico por longos períodos, às vezes pela vida inteira, carregando a ansiedade como nossa base permanente. Nunca processamos nosso estresse; vivemos à flor da pele e tentamos agradar aos outros para encontrar um lugar seguro.

Do mesmo modo, percebemos que a depressão não é o mesmo que se sentir triste. Seria mais verdadeiro dizer que é *não sentir nada*. É o ato inconsciente de deprimir todos os sentimentos até restar um descampado plano e estéril onde antes havia alegria e motivação. A depressão costuma ser o resultado da supressão inconsciente do luto, da raiva ou do medo, sentimentos que poderiam ameaçar derrubar o agradador se ele lhes dedicasse total atenção. Sentimentos que arriscam deixá-lo incapaz de agir ou interagir como pensa que deveria, falhando assim em suas regras de agradador e tornando-o rejeitado por aqueles a quem deve agradar.

Para um agradador, não é comum prestar atenção nos próprios sentimentos. É seu papel prestar atenção nos sentimentos dos outros, fazer com que *os outros* sejam felizes e tratar a dor *dos outros*. Se você tiver sorte, seus esforços de agradar serão recompensados pela reação positiva deles a você e, ao menos por um tempo, você pode se sentir aceitável graças a isso. Quando um agradador não consegue ser agradável o bastante ou passa por uma dificuldade ou necessidade própria, sua programação original de priorizar os outros o impede de pedir ajuda, o que pode resultar em ansiedade ou depressão.

NARRATIVAS PARA PROCESSAR O ESTRESSE

Quando alguém chega ansioso ou deprimido à terapia, a primeira tarefa é ajudá-lo a narrar sua história, a elaborar o processamento que um animal selvagem faria por meio do tremor. Os seres humanos têm a linguagem e, com ela, a capacidade de integrar seus pensamentos e sentimentos através de narrativas. Isso nos permite expressar pensamentos e sentimentos, por mais desesperados, ridículos ou inaceitáveis que possam parecer, a fim de que nosso corpo e nossa mente tomem posse das experiências e encarem a realidade. Podemos costurar as partes que achamos assustadoras, vergonhosas ou desesperadoras demais em uma tapeçaria que passa a fazer sentido e revela nossa humanidade e nossas necessidades. Só então compreenderemos qual é o problema e poderemos reestruturar uma vida liberta, uma vida que não nos paralise mais com ansiedade e depressão. Poderemos ser livres para sentir e capazes de responder, conscientes das reações dos outros como produtos de seu próprio condicionamento. Para enfim sermos autênticos, gostando ou não de nós, mas sendo aceitáveis de qualquer forma: essa é a verdadeira resiliência.

Muitas vezes, os pacientes temem perder o amor de seus entes queridos se estes descobrirem a verdade, se souberem como seus pensamentos são sombrios ou como ficaram paranoicos. Eles preveem reações de hostilidade e rejeição pela família ou se veem como um fardo pesado demais para carregar. Procuram a terapia exatamente porque é o trabalho do terapeuta ouvir e *não* julgar, não estar envolvido na situação e ser imparcial e incondicional em seu olhar. Quando um paciente me diz "Isso é ridículo" ou "Vai parecer muito mau", faço questão de dizer: "Para mim não". E para mim realmente não soa. Ao longo dos anos de trabalho com indivíduos, casais, famílias e organizações, já ouvi de tudo. Nenhum pensamento é sombrio demais, nenhum sentimento é intragável demais. Nenhuma dessas coisas é imprópria, repulsiva ou inaceitável; são apenas partes normais do ser humano, e ser humano é complicado.

ANYA

Anya vinha à terapia, mas nunca esteve *em* terapia, pois comparecia fisicamente a todas as sessões, mas emocionalmente estava oprimida sob o peso da depressão.

Era uma jovem atenciosa, cuidadosa e gentil, uma escritora profissional. Eu entendia o sofrimento dela, mas às vezes achava sua companhia exaustiva e difícil. Em suas tentativas de ser agradável na terapia, ela adotava uma postura de subserviência a mim. Tentava me agradar da forma Clássica, escrevendo contos para mim e me trazendo livros. Ficava sentada quase em silêncio por cinquenta minutos, sem fazer contato visual, e depois me mandava um e-mail pedindo desculpas por falhar comigo, me chatear ou não responder às minhas perguntas com total honestidade. Fazia o mesmo com a namorada e, por medo de chateá-la, Anya se escondia atrás de uma muralha, tornando impossível que a namorada se aproximasse dela.

Tinha medo de que, se dissesse ou fizesse a coisa errada em nossas sessões, eu lhe dissesse que não poderíamos mais trabalhar juntas. Paralisada em seus comportamentos de Pacificadora, ela temia a rejeição e guardava seus sentimentos e sua escuridão para si mesma; depois, sentia medo de que eu achasse que ela desperdiçara meu tempo.

Era a paciente sobre quem eu mais falava em minha supervisão clínica. Eu reagia a ela não apenas com sentimentos de frustração, mas com sentimentos transferidos para mim como um reflexo de como ela fazia o mundo reagir. Anya se esforçava tanto para não desagradar a ninguém que frustrava todos com seus bloqueios e defesas. Tentava esconder seus sentimentos dolorosos por medo de perder aqueles de quem gostava, mas sua consequente depressão criou o maior dos fossos.

A partir dos fragmentos da história que ela compartilhou, era fácil entender por que tinha tanto medo de rejeição, e suas primeiras memórias eram difíceis de ouvir. Uma vez, contou que havia quebrado um copo ou derramado algo (ela não lembrava o que era, porque tinha apenas três ou quatro anos na época) e seus pais reagiram colocando as coisas dela em uma maletinha e a botando para fora. Lembra de ter sentado ao lado da maleta, entendendo que não podia mais morar lá, mas sem saber o que fazer. Depois de um tempo, seus pais abriram a porta e deixaram que ela entrasse. "Queriam me ensinar uma lição", ela disse, em estupor. Eram muitos exemplos como esse, momentos em que seus pais a haviam feito se sentir apavorada de que, a qualquer passo em falso, poderia ser mandada embora. Partia meu coração ouvir aquilo e, no entanto, meu papel agora tinha de ser mais do que uma mera voz reconfortante de cuidado. Isso ela já tinha recebido de sobra ao longo dos anos, mas só a fizera se sentir em dívida, grata pela compaixão na hora, porém ainda mais temerosa de perder tudo caso cometesse algum erro. Minha aceitação em relação a Anya precisava ser incondicional: eu nunca a desaprovaria como seus pais haviam feito, mas também não poderia lhe dar minha aprovação; ela precisava ser completamente livre do peso de minha aprovação para olhar dentro de si. Levou tempo e tivemos de ajudá-la a se sentir segura o bastante para começar a se abrir emocionalmente até podermos contemplar a perspectiva de rejeição. Um dia, ela trouxe um poema cuidadosamente elaborado, que havia escrito sobre mim. Era lindo, sem dúvida. Parecia um gato colocando um camundongo aos pés do dono, buscando fervorosamente sua aprovação e validação, e usamos isso para chamar a atenção dela para o nosso relacionamento. "Como você se sentiria", comecei, "se eu ficasse contente com você... se gostasse do presente... se sentisse que você está se esforçando aqui?"

Ela olhou para mim com desconfiança. "Ah... acho que eu me sentiria bem."

Continuei de forma gentil: "Então... e se eu não gostasse? E se eu não ficasse contente com você ou não quisesse seu presente... como você se sentiria?". Ela se encolheu ao considerar a possibilidade de não ter me agradado e não poder me agradar, de não poder conquistar seu lugar e ser indefesa de novo, deixada fora de casa. Exploramos como seria deixar de lado seus comportamentos de agradadora quando viesse à terapia e tirasse uma breve folga do código que seguia no restante de sua vida, de ser agradável, silenciosa e submissa. Trabalhamos juntas para entender como se sentiria aceita por mim por quem ela era, e não pelo que fazia ou deixava de fazer; e com essa compreensão trouxemos à tona a possiblidade de mudança.

Nosso trabalho ganhou novo fôlego depois disso, mais autêntico e significativo. Anya tinha medo de levar um fora da namorada caso a desagradasse, porém tentar controlar os sentimentos da companheira haviam deixado Anya despreparada para cuidar de si mesma, e a depressão que havia se formado no lugar acabou se tornando a maior ameaça ao relacionamento. Anya veio à terapia para aprender a agradar a si mesma e praticou libertar-se de se sentir responsável pelos sentimentos da namorada ao libertar-se de se sentir responsável pelos meus.

VOCÊ É BEM-VINDO

Vamos parar um momento para ouvir a parte que você esconde dos outros, a parte que pensa ser inaceitável.

Qual é a pior coisa que os outros poderiam descobrir sobre você?

Talvez seja um sentimento, pensamento ou impulso que você ignora por considerar vergonhoso, maldoso ou ridículo.

O que vou falar aqui vale para todos, quer você faça terapia ou não. Nada que você pense ou sinta é inaceitável; tudo faz parte do ser humano e tudo é bem-vindo. Permita-se contar sua história, ao menos para si mesmo, a princípio. Pode ajudá-lo a ir além dessas defesas iniciais de medo ou culpa e descobrir o que você realmente sente e do que realmente precisa.

E, se decidir ajudar outra pessoa que está presa em um comportamento de agradadora, pode lhe oferecer essa mesma aceitação, de ouvir a história dela em busca de seu significado, com curiosidade e sem julgamento.

NÃO SE DEIXE AGRADAR

Quando trabalho com pacientes que buscam agradar, é importante mostrar que eles *não* têm como me agradar. Não por seus esforços não serem agradáveis, mas porque essa não é uma moeda que eu aceito. Você é aceitável para mim independentemente do que faça ou de quem seja. Posso pedir que você tenha curiosidade em saber por que faz o que faz, posso confrontá-lo sobre as partes que deixa de fora de sua narrativa. Posso bloquear suas tentativas de organizar minhas reações, mas não porque eu desaprovo, e sim porque é minha função ajudá-lo a ter as *suas* reações e a ouvir você de maneira clara, sem censura ou adaptação e sem passar sua história por um filtro de aceitabilidade social.

Tenho de tomar cuidado na prática clínica para não me adaptar demais aos meus pacientes. Se fizer isso, posso acabar sendo conivente com os problemas deles e fazer com que assumamos a responsabilidade um pelo outro. Quando determinei um aumento do preço da consulta, isso desencadeou um processo importante para um de meus pacientes mais antigos.

LARS

Lars era um "bom" paciente. Agradador Clássico, chegava sempre na hora e sempre entendia se eu estivesse doente ou tivesse de cancelar. Ele esperou pacientemente pelo meu retorno ao trabalho após minha licença-maternidade. Quando me mudei, passou a pegar dois trens para chegar ao meu consultório, continuando a comparecer toda semana, totalmente engajado em sua jornada terapêutica.

Quando chegou a hora de aumentar o preço da consulta, avisei formalmente e falei com cada um dos pacientes individualmente. Na semana seguinte, a agitação de Lars era visível. Depois de quinze minutos ouvindo sobre sua irritação com o chefe e a maneira como seu vizinho o havia incomodado, perguntei:

"Será que você não está bravo comigo também?"

Sua reação foi primeiro de pânico e depois de alívio.

"Estou furioso!", ele disse depois de um tempo, os olhos chispando. E continuou: "Dediquei todo esse tempo e dinheiro à terapia! Nunca cancelo, nunca faço besteira e você me trata assim — nunca é suficiente, você quer mais, é gananciosa. Você é igual aos outros — só tomam, tomam, tomam".

Deixei que ele terminasse. Ele respirou fundo e engoliu as lágrimas.

Ele se sentia triste por ter se esforçado demais por todo o mundo sem ser reconhecido, tendo como única recompensa expectativas mais altas e mais demandas. Estava furioso consigo mesmo por fazer isso e por se permitir ser usado pelos outros — outros que nem percebiam que o estavam usando, que acreditavam em Lars quando ele dizia que os presentes eram dados de maneira desinteressada, e outros que, assim como eu, nunca se deixaram persuadir por seus agrados.

Ele havia se martirizado na esperança de que em troca os outros fizessem o mesmo por ele. Se era um "bom" paciente, tinha esperança de que me cativaria e de que eu pudesse recompensá-lo sendo uma "boa" terapeuta. Uma terapeuta bondosa e generosa, que agradecesse seus esforços. Ele era filho único de uma mãe solo, e ela também havia sido uma pessoa vulnerável. Lars descrevia que, quando ele era pequeno, sua mãe várias vezes lhe dizia que ele parecia pálido e não deixava que ele fosse para a escola: "Acho que, na maioria das vezes, ela só estava solitária", ele falou. "Acho que eu estava cuidando mais dela do que ela de mim."

Durante toda a vida, ele buscou uma "mãe" boa o suficiente, que não pediria nada dele, que não esperaria nada em troca e que poderia cuidar dele sem cobrar nada: uma fonte garantida e unilateral de segurança e suporte. Para ele, eu representara esse potencial, mas, ao redirecionar sua atenção ao caráter profissional de nossa relação, eu havia estourado sua bolha e o trazido de volta à realidade. Ele ficou furioso, mas, acima de tudo, triste pela existência do vazio.

Na realidade, um "bom" terapeuta é real e autêntico, tão apoiador e contestador quanto o trabalho exige. É um terapeuta que não vai recompensar os pacientes por comportamentos desajustados que aprenderam a empregar no mundo exterior, que não vai reforçar as ideias de que devem atender a uma série de condições para serem julgados dignos. Que não vai preencher o vazio deixado pelas gerações anteriores, mas vai se importar o suficiente para trabalhar os sentimentos que esse vazio provoca neles agora.

Para fazer isso, acredito que um "bom" terapeuta também deve saber seu valor e dar o exemplo aos pacientes que atende. Tomo cuidado para seguir as orientações éticas da minha categoria, para atuar pelo bem do paciente e não agir de maneira que lhe seja prejudicial. No entanto, para fazer isso, posso acabar perturbando o equilíbrio dos pacientes de formas que talvez pareçam confrontadoras ou desafiadoras. Posso ter de aumentar o valor da consulta, mudar minhas práticas profissionais ou tirar um tempo de folga. Não posso agradá-los nem substituir seus pais, mas posso me comprometer a estar de maneira plena na relação atual e disponível para elaborar rupturas do passado no presente, de uma forma segura que seja diferente e na qual meus pacientes encontrem um novo poder e uma nova permissão. Pode ser necessário que um "bom" amigo, parceiro ou empregador faça o mesmo. Para dar o exemplo de sua capacidade de se agradar e recompensar o autoagrado dos outros.

Meus pacientes agradadores podem confiar que não fizeram nada de "errado" no consultório, porque eles sabem que não há nada "certo" a ser feito. Não existe juízo de valor, apenas o espaço, a curiosidade e a compreensão para descobrir o que há por trás da necessidade de agradar a todo o mundo. Para ser um "bom" paciente, não é preciso ser adorável, a pessoa pode me dizer quando não compreendi uma questão ou quando entendi algo errado, e eu posso pedir desculpas e fazer uma reparação. Para ser uma "boa" terapeuta, eu também não tenho de ser agradável. Se tivesse recompensado os comportamentos agradáveis de Lars com meu autossacrifício, teria lhe dado o exemplo de que era isso o que ele também precisava fazer. Teria corrido o risco de repetir aquele primeiro modelo da infância, que o ensinou a ser bonzinho, paciente e complacente, e a esperar cegamente que os outros reconhecessem isso.

Corremos o risco de repetir os primeiros modelos em nossos relacionamentos pessoais. Se agradamos àqueles ao nosso redor, podemos comunicar que é isso que esperamos deles. Se aceitamos seus agrados em resposta, treinamos essas pessoas a continuar dando mais importância às nossas necessidades do que às delas. Como terapeutas, pais, mães ou talvez apenas como seres humanos, temos a responsabilidade de servir de modelo, e não de mártir. Dar o exemplo e se agradar, e libertar os outros para fazerem o mesmo.

Dei a Lars a oportunidade de sentir raiva de mim e mostrei que isso era normal. Explorar elementos relacionados ao presente, e sobretudo os elementos que pareciam repetir o passado. Eu pude mostrar que, para mim, ele era tão aceitável e bem-vindo quando estava com raiva como quando era obediente. Minha aceitação era incondicional e ele não precisava mais tentar me agradar.

FACETA BRILHANTE

Meus pacientes só conseguem ir além do autodiscurso crítico, da ansiedade que os mantém à flor da pele ou da depressão que os deixa sem esperança quando deixam sua "faceta brilhante" de lado e descobrem que mesmo assim são aceitos por mim, que ainda assim estou disposta a me sentar diante deles e entender o porquê. Só então se abrem a seus sentimentos autênticos e entendem do que precisam. Só então conseguem atualizar as mensagens que receberam sobre quem seriam no mundo, como deveriam se comportar e qual era seu propósito — para enfim começar a levar a vida de maneira plena, em vez de viver à base de migalhas da vida dos outros.

APRISIONADO POR ELOGIOS

O elogio nem sempre tem o efeito desejado. Ele pode nos ensinar que precisamos nos comportar de um modo que os outros acham aceitável ou "fácil" e restringir nossas opções de agradar a nós mesmos.

Pelo que as pessoas elogiam você?

As pessoas podem dizer que você é atencioso ou gentil. Ou talvez você tenha fama de ser generoso e compreensivo.

Se seus amigos fossem descrever seus pontos fortes, o que diriam? Em um dia bom, como você se descreveria? Vamos chamar isso de "faceta brilhante", a versão aceitável, apoiada pelos outros e introjetada por você.

É importante não aceitar demais seu lado brilhante porque ele vai esconder seu lado sombrio no subterrâneo e reforçar ainda mais aquelas condições que restringem seu valor. Se quisermos nos livrar de nosso crítico interior, também temos de desistir do prazer do elogio que recebemos ao agradar aos outros. Para não ter a sensação de que estamos errando, precisamos abandonar a ideia de que é possível acertar.

Do mesmo modo, é importante não elogiar aqueles que amamos pela maneira como tentam nos agradar.

Pelo que você elogia os outros?

Aceitar ou elogiar todos os comportamentos de um agradador vai reforçar que é isso que você espera da pessoa, mesmo quando não é isso o que você quer, e vai levá-la a manter uma pose que ela acredita ser fundamental para a relação.

Você pode ser valente e falar para o outro que, na verdade, não gosta quando ele busca sua aceitação ou pede sua aprovação sobre todas as decisões dele. Se ele precisa de sua palavra para se tranquilizar ou sempre cede aos seus planos, você pode dizer que parece desequilibrado ou oneroso. Pode falar do que gostaria em um relacionamento e ver se a outra pessoa aceita. Liberte-se para agradar a si mesmo e dê um retorno real para que seu relacionamento também possa ser real.

Essa é a oferta que os terapeutas fazem: ignorar os comportamentos agradadores de seus pacientes e ser alguém que não vai se encantar nem se deixar conquistar, e que, portanto, não pode ser perdido nem frustrado. Isso dá aos pacientes, muitas vezes pela primeira vez, a oportunidade de experimentar ser quem eles realmente são e descobrir que já são valiosos e importantes e merecem respeito — dos outros e de si mesmos. Essa pode ser uma primeira experiência, dentro da segurança de um microclima terapêutico, a ser testada antes de ser levada ao mundo exterior e aos relacionamentos da vida real. Se você experimentar e perceber que é bom para você, pode compartilhá-la com as pessoas que nota que não conseguem parar de agradar você.

OS CÍRCULOS DE RELACIONAMENTOS

Você não precisa estar na terapia para reunir evidências de que é aceitável do jeitinho que você é; pode experimentar agradar a si mesmo em qualquer lugar. Comece nos domínios que parecem mais seguros e vá criando coragem para encarar as relações que são mais importantes.

Imagine uma série de círculos concêntricos em cujo centro estão as relações mais significativas ou, talvez, mais arriscadas. Para a maioria, costuma ser a família de origem. No círculo em volta podem estar seu parceiro e seus filhos — sua família atual —, que também são importantes, mas talvez menos carregados de materiais do passado. Em seguida deve haver um círculo de amigos e, depois, colegas, vizinhos e colaboradores, até finalmente haver um círculo para estranhos. Se você estiver inseguro, comece sua jornada de se agradar no círculo mais externo e vá se dirigindo ao meio.

Permita-se ficar naquele círculo externo, por exemplo, no supermercado, e exercite se sentir importante e valioso. Imponha-se caso alguém fure a fila, permita-se pegar o último item da prateleira. Arrume suas compras sem pressa e não peça desculpas se alguém ficar impaciente. Permita-se provocar um impacto nos outros e deixe com eles a responsabilidade por esse impacto. Enquanto colhe evidências de que pode fazer isso com sucesso nesse círculo mais externo, a parte primitiva de seu cérebro, que avalia os perigos, vai armazenar essa informação para a próxima vez e motivar você a agir dessa forma novamente. Permita que isso o leve mais perto do círculo central, reunindo evidências de que você pode ser autêntico — importante e aceitável — com seus colaboradores, vizinhos e colegas. E deixe as evidências o tornarem confiante para se mostrar aos amigos como você é, livre para falar o que pensa e disposto a negociar.

Se encontrar uma ruptura, como inevitavelmente vai encontrar, permita-se fazer uma reparação. Peça desculpas se tiver feito algo errado, mas não se outra pessoa lhe tiver feito algo errado. Lembre-se de que, nessas situações, a alternativa mais adequada à culpa é a raiva — sentida e expressa de maneira adulta como uma energia a favor da mudança e do restabelecimento de um limite, e não como violência ou vingança. Quando você descobre que pode usar seus sentimentos para se proteger e para se direcionar aos reparos certos, pode correr o risco de ruptura em seus relacionamentos mais íntimos. Se estivermos dispostos a fazer reparações, podemos ousar relacionamentos mais sinceros com nosso parceiro, até podermos enfim estar prontos para sermos nossa versão mais autêntica em nossa família original.

Alguns pacientes conseguem ser verdadeiros com os amigos, mas não conseguem se impor com as pessoas da rua;

outros são honestos com o parceiro mas têm dificuldades em relacionamentos profissionais. Seja qual for a maneira como gostaria de se agradar, permita que as evidências de sua aceitação incondicional nos outros círculos lhe proporcionem a aceitação incondicional para tentar.

Lembre-se: este é apenas um guia de direções. Quem escolhe o destino final é você. Muitos de meus pacientes preferem, quando se trata da família de origem, apenas exercitar os músculos da aceitação. Fazem as pazes com quem seus pais eram e por que eram daquele jeito. Passam a compreender aspectos de uma educação positiva que não receberam e que seus pais não tinham como dar, e talvez sofram por isso. E contentam-se em voltar sua nova capacidade de mudança para os relacionamentos do dia a dia.

A jornada é sua. É preciso identificar onde agradar a todos atrapalha sua vida e onde você quer pôr o foco da sua transformação.

Conclusão: agrade-se

Quando o assunto é agradar a nós mesmos, nossos sentimentos são a maior dádiva. Eles nos dizem do que precisamos em cada momento, e como conseguir ou nos oferecer isso.

Sem acesso fácil a nossos sentimentos e sem a importantíssima permissão de agir de acordo com os sentimentos, acabamos aprendendo a ser um agradador Clássico em busca da impossibilidade da perfeição, ou um Sombra daqueles que consideramos superiores, indo além de nossas possibilidades. Podemos ter encontrado uma forma de não incomodar os outros, tornando-nos um Pacificador, que mantém a paz sem se preocupar com a própria integridade. Ou podemos ter ficado presos na fuga de um Resistente, desperdiçando energia para evitar a pressão de agradar.

SENTIMENTOS ABANDONADOS

Acompanhando as histórias deste livro, percebemos como nossos sentimentos e necessidades podem ser deixados de lado quando buscamos agradar aos outros. Vimos o impacto prejudicial tanto nos agradadores como nas pessoas a quem eles tentam agradar. Para agradar a si mesmo, é preciso aprender a reconhecer seus sentimentos e entender o que eles sinalizam; dessa forma você consegue dar os passos certos e se sentir satisfeito sem cair na armadilha de agradar aos outros. Para se agradar, você deve se responsabilizar por seus sentimentos. Isso significa que não pode escolher quais gostaria de sentir. Ou todos eles estão ativados e você tem poder sobre todos eles, ou você desliga os sentimentos dolorosos e a alegria e o sentido da vida vão junto com eles, deixando você com a opção insatisfatória de agradar aos outros para ganhar uma versão daquilo de que precisa. Se você tiver sorte.

Ser responsável com seus sentimentos significa dar importância a eles. Significa escutá-los com generosidade e compaixão e agir de acordo com eles para chegar a uma solução que valide e represente o valor deles. Se tiver passado a vida agradando aos outros, essa transformação não vai acontecer da noite para o dia. Vai demorar para que essa parte de você que foi negligenciada venha à tona e confie que agora você vai amá-la e protegê-la. Às vezes falo sobre um período de condicional com meus agradadores em recuperação. Imagine que seus sentimentos são uma versão mais jovem de você, com seis ou sete anos. Se deseja que eles falem a verdade, eles precisam acreditar que você não vai criticá-los ou censurá-los por isso. Além do mais, precisam acreditar que é importante falar deles para você, que existe uma recompensa que justifique o risco que assumem ao se pronunciar. Se eles falarem para você como se sentem e nada mudar, vão parar de tentar. O bebê que para de chorar quando é deixado sozinho inúmeras vezes não aprendeu a se regular, apenas aprendeu que não adianta chorar se ninguém vai aparecer. Se você não for ao próprio auxílio, também vai parar de sentir. Ganhar a confiança de seu eu sensível pode exigir um pouco de paciência e prática, e você pode trazer esse processo à consciência "dando uma verificada" de tempos em tempos. Pergunte-se: "Como está minha relação comigo mesmo agora? Como eu me sinto, do que preciso e como posso conseguir isso ou dar isso para mim mesmo?". Se perceber que está recaindo em um discurso negativo de seu crítico interior, intervenha e defenda seus sentimentos. Quando essa parte de você aprender que você está do lado dela, vai ganhar confiança para se mostrar com mais frequência, confiando que você vai agir com base nas informações oferecidas e trabalhar junto com ela, como uma equipe, para agradar a si mesmo.

UM ALERTA DE SAÚDE

Quando você começa a se libertar de agradar aos outros e leva sua atenção para os próprios sentimentos, vai inevitavelmente ter de abrir mão da aceitação e da validação condicional que estava acostumado a receber das pessoas a quem você agradou. Nesse vazio, as coisas podem começar a piorar antes de melhorarem. Trate-se com carinho e compaixão, e faça pequenas coisas positivas por você — não por necessariamente desejar isso, nem por achar que merece, mas porque precisa dar o pontapé inicial em seu próprio ciclo natural de se agradar. Ter uma lista de prazeres simples pode ajudar você a se dar a atenção e a recompensa que antes recebia dos outros em troca do serviço de agradá-los. Costuma ser mais fácil pensar em coisas felizes quando se está em um bom momento, então comece mantendo uma página aberta em algum lugar, em um notebook ou no celular. Se perceber que está gostando de um café em um lugar em particular, anote. Se ama tomar um banho no meio da tarde, acrescente à lista. Pode ser uma corrida que faz você se sentir livre, uma caneca em que gosta de beber chá, uma música que o deixa animado ou um podcast que sempre o deixa de bom humor. Tome nota. Você não precisa estar a fim de fazer essas coisas quando se sentir para baixo, apenas escolha uma e tente experimentar. Na pior das hipóteses, não vai fazer diferença. Na melhor, vai fazer você se sentir melhor, não apenas por ser revigorante, mas porque você prestou atenção em seus sinais emocionais e demonstrou a si mesmo que era importante o suficiente para validar seus sentimentos e ser digno de sua ajuda.

Não é apenas seu crítico interior que você vai enfrentar. Sem dúvida, haverá uma reação das pessoas ao seu redor que estão acostumadas a ser objeto de seu comportamento de agradador. Quando temos relacionamentos simbióticos, nem todos vão receber a mudança. Se começar tornando-se importante e merecedor da própria atenção, pode quebrar as regras tácitas de seu relacionamento com pessoas que esperam que você priorize as necessidades delas. Nem todos vão aceitar sua oferta de autenticidade, mas aqueles que aceitarem valerão a pena; e não dá para fazer uma omelete de intimidade sem quebrar alguns ovos simbióticos. Respeite seus sentimentos e assuma a responsabilidade por suas próprias necessidades, e você vai ver que consegue a reação que passou esse tempo todo esperando dos outros: aceitação incondicional das pessoas que realmente importam e permissão para se afastar daquelas que não importam.

A VERDADE ÀS VEZES MACHUCA

Tive muita sorte de ter avós que me amaram. Todo domingo, eu e meu irmão íamos para a casa deles, minha avó fazia um assado enorme e preparava a sobremesa favorita de cada neto, em semanas alternadas. Ligávamos a televisão para assistir a reprises de faroeste enquanto comíamos e, depois do jantar, nosso avô nos levava à loja da esquina para comprar armas de plástico e cigarrinhos de chocolate que levávamos escondidos para casa. Às vezes, no caminho ele deixava cair uma moeda e nós pulávamos em cima dela com alegria, ou parávamos para nos empanturrar de amoras e ele nos levantava para pegarmos a mais suculenta. Um dia, atravessei a rua correndo na direção de uma árvore particularmente tentadora e ele gritou comigo. Caí no choro, magoada porque meu querido avô tinha gritado. "Tive que gritar", ele me falou enquanto me consolava na beira da estrada. "Você é importante demais para eu não fazer isso."

Essa é a verdade sobre se agradar. É se dar a permissão e a liberdade para viver com alegria, com a ressalva de que você vai intervir com a proteção adequada quando for necessário. Nem sempre vamos gostar da mensagem de proteção, aquela que nos responsabiliza por nossos atos, mas precisamos nos importar o bastante conosco para ouvirmos a sabedoria dela.

Talvez você não goste da mensagem de proteção deste livro, que lhe diz para levar a si mesmo em consideração e ser responsável pelas próprias necessidades em vez de terceirizá-las para as pessoas a quem você agrada. Talvez não goste de ler que "ligar o foda-se" é um escape e que você precisa renegociar sua relação ambivalente com a autoridade. Talvez não aprecie a ideia de que tentar agradar a todo o mundo é manipulador, e eu não vou me desculpar por isso. Tenho que falar a verdade, porque você é importante demais para eu não fazer isso.

A verdade é que ninguém sai ganhando quando você está agradando a todo o mundo. E, enquanto fizer isso, você é parte do problema.

A verdade também é que você é bom o suficiente. Na verdade, você sempre foi.

Pelo bem de todos, agrade-se.

Agradecimentos

Obrigada à 4th Estate e à minha editora maravilhosa, Helen Garnons-Williams, por me guiar com tanta graça e bom humor, e obrigada a Charlotte Atyeo por sua paciência com minha propensão a reescrever.

Obrigada ao meu agente, Euan Thorneycroft, e a todos da A. M. Heath, pelas orientações valiosas e pelo comprometimento.

Obrigada à minha melhor amiga, Liz, por ser quem mais torce por mim e a conselheira em quem mais confio. Este livro não existiria sem você e sua confiança inabalável em mim.

Obrigada aos meus pais, Keith e Ingrid, e a meu irmão, David, por toda uma vida de apoio e incentivo. Tenho memórias felizes de escrever os primeiros rascunhos desses capítulos em nossa sacada de hotel sob a luz do sol.

Obrigada ao meu marido, Anton, por sempre estar do meu lado.

Obrigada aos meus filhos incríveis, Thomas e Elsa, por serem exatamente quem são.

E obrigada, por fim, à finada Sarah Grierson, que tanto contribuiu para a terapeuta que sou hoje, e aos indivíduos importantes a quem não posso agradecer nominalmente — meus pacientes.

TIPOGRAFIA Adriane por Marconi Lima
DIAGRAMAÇÃO Osmane Garcia Filho
PAPEL Pólen Soft, Suzano S.A.
IMPRESSÃO Gráfica Santa Marta, agosto de 2021

A marca FSC® é a garantia de que a madeira utilizada na fabricação do papel deste livro provém de florestas que foram gerenciadas de maneira ambientalmente correta, socialmente justa e economicamente viável, além de outras fontes de origem controlada.